Alles über die KESB

WALTER NOSER

Alles über die KESB

Rechte und Pflichten gegenüber der Kindes- und Erwachsenenschutzbehörde

KESCHA
Anlaufstelle Kindes- und Erwachsenenschutz
Centre d'écoute et d'assistance de l'enfant et de l'adulte
Centro di ascolto e assistenza del minore e dell'adulto

Beobachter EDITION

Dank
Ich bedanke mich bei allen Ratsuchenden, die sich mit ihren Anliegen ans Beobachter-Beratungszentrum gewendet haben und wenden. Ohne ihre Fragen hätte ich mich nicht so intensiv mit den Themen Selbst- und Fremdbestimmung auseinandersetzen können. Ich wüsste nicht mehr als das, was man in der Presse liest und was Politiker und Politikerinnen sagen. Dank der Fragen, auf die ich Antworten suchen musste, weiss ich, dass man sehr viele Falschinformationen liest und hört.

Ich bedanke mich auch bei jenen Menschen, die mich und meine Beobachterartikel auf den Social Media, in Kommentarspalten, auf ihren eigenen Websites und in Leserbriefen kritisiert haben. Kritik ist immer ein Anlass, den eigenen Standpunkt zu überprüfen.

Ein Dank gilt zudem meiner Kollegin Corinne Strebel Schlatter, die das Manuskript kritisch durchgelesen hat.

Download
Alle Muster in diesem Buch finden Sie auch unter www.beobachter.ch/download (Code 2455). Sie können sie herunterladen und an Ihre Situation anpassen.

Beobachter-Edition

www.beobachter.ch

Herausgeber: Der Schweizerische Beobachter, Zürich, in Zusammenarbeit mit Kescha, Anlaufstelle Kindes- und Erwachsenenschutz, Zürich
Lektorat: Käthi Zeugin, Zürich
Umschlaggestaltung: fraufederer.ch
Fotos: iStock
Reihenkonzept: buchundgrafik.ch
Layout und Satz: Bruno Bolliger, Gudo
Herstellung: Bruno Bächtold
Druck: Grafisches Centrum Cuno GmbH & Co. KG, Calbe

ISBN 978-3-03875-245-5

MIX
Papier aus verantwortungsvollen Quellen
FSC
www.fsc.org
FSC® C043106

Inhalt

Vorwort

Niemand begegnet der Kesb in einem einfachen Lebensabschnitt. Die Kesb tritt meist dann ins Leben von Menschen, wenn sich diese bereits in einer schwierigen Situation befinden. Dies kann die konflikthafte Trennung eines Paares mit Kindern oder etwa die Demenz einer älteren Person sein. Gerade in solchen Phasen brauchen die Betroffenen und ihre Angehörigen Unterstützung von der Behörde – so wenig wie möglich, so viel wie nötig. Allermeist gelingt dies problemlos, in wenigen Fällen jedoch kommt es zum Konflikt mit der Kesb, der eine gefährliche Dynamik auslösen kann.

Um solche Eskalationen zu verhindern, hat die Guido Fluri Stiftung in Zusammenarbeit mit den Fachverbänden, die im Kindes- und Erwachsenenschutz tätig sind, 2017 die neutrale Anlaufstelle Kescha gegründet. Ein unabhängiges Team berät in über 1000 Fällen pro Jahr. Es zeigt den Ratsuchenden Perspektiven auf, sodass die Kommunikation mit der Behörde wieder möglich wird. Das stärkt die Betroffenen – und letztlich auch die Kesb. Denn die Erkenntnisse aus den Kescha-Fällen fliessen zurück an die massgebenden Stellen, sodass sich der Kindes- und Erwachsenenschutz ständig verbessern kann.

Die Ängste und Sorgen der Betroffenen gilt es auf jeden Fall ernst zu nehmen. Der Kindes- und Erwachsenenschutz funktioniert nur dann, wenn er das Vertrauen der Bevölkerung geniesst. Ein Mittel dazu sind Aufklärung und Informationen in verständlicher Sprache, damit sich die Betroffenen im Kesb-Verfahren orientieren können. Vor diesem Hintergrund ist die Kescha eine Kooperation mit dem Beobachter eingegangen. Das vorliegende Buch nimmt die wichtigsten Fragen auf und gibt Antworten. Wir wollen damit gemeinsam einen Beitrag leisten, damit bei den Menschen im Kontakt mit der Kesb mehr Klarheit und Sicherheit entsteht.

Guido Fluri, Präsident Kescha,
Anlaufstelle Kindes- und Erwachsenenschutz
März 2020

Einleitung: Die Kesb geht uns alle etwas an

Am 1. Januar 2013 wurde das alte Vormundschaftsrecht durch das Kindes- und Erwachsenenschutzrecht ersetzt. Seither beginnen viele Ratsuchende am Beobachter-Beratungstelefon das Gespräch mit einem Rätsel: «Raten Sie mal, womit ich Probleme habe?» Des Rätsels Lösung liefern sie gleich selbst: «Natürlich mit dieser verdammten Kesb!» Viele sind erstaunt, wenn ich als Berater dann nicht ins gleiche Horn blase, auch wenn mir die Schilderungen der Ratsuchenden oft sehr nahegehen. Ich kann den Leuten aber nur zuhören, sie verstehen und beraten, rechtliche Schritte aufzeigen und die Angelegenheit mit ihnen reflektieren. Was ich sicher tun muss: Wie meine Kolleginnen und Kollegen muss ich immer das Kindes- und Erwachsenenschutzrecht und die Aufgaben der Kesb erklären.

Das Kindes- und Erwachsenenschutzgesetz, in dem auch die Aufgaben der Kesb geregelt sind, stellt die Selbstbestimmung und die Menschenwürde ins Zentrum. Und: In einer Gesellschaft, in der sich zunehmend jeder selbst der Nächste ist und in der gewisse Teile achselzuckend hinnehmen, dass nicht jeder seines eigenen Glückes Schmied sein kann, muss die Kesb Gegensteuer geben. Was kann so falsch daran sein, dass die Kesb dies tut? Sicher nichts.

Problematisch ist jedoch, dass einzelne Kesb personell unterdotiert sind und die Mitarbeiter und Mitarbeiterinnen deshalb nicht genügend Zeit für Gespräche mit Angehörigen und Betroffenen haben. Ebenso ist problematisch, dass das Personal häufig wechselt. Letzteres liegt aber nicht am Auftrag, sondern an der Belastung: Fast alles, was über den Schreibtisch von Kesb-Mitarbeitenden geht, ist dringend und duldet in der Regel keinen Aufschub. Viele arbeiten deswegen nicht selten halbe Nächte durch. Was dann herauskommt, ist häufig auch nicht recht: Die Massnahmen seien unnötig, zu teuer und zudem sei die Kesb zu weit weg von der Bevölkerung, heisst es.

Zweifellos – mit dem 2013 in Kraft gesetzten Gesetz hat man zuweilen etwas übers Ziel hinausgeschossen. Und die Regeln, wie eine Kesb innerhalb der gesetzlichen Bestimmungen arbeiten soll, weisen bestimmt auch noch Verbesserungspotenzial auf, das man durchaus einfordern soll. Zudem wird die Gerichtspraxis in den nächsten Jahren zeigen, wie die Bestimmungen im konkreten Fall angewendet werden müssen. Wie in allen anderen Rechtsbereichen werden einzelne Gesetzesartikel auch im Kindes- und Erwachsenenschutz durch Entscheide der Gerichte und des Bundesgerichts ständig anhand des Zeitgeistes interpretiert und ausgelegt.

Wissen statt Behauptungen

In diesem Buch geht es nicht um umstrittene Entscheide der Kesb, die in Fernsehsendungen diskutiert, von den Medien thematisiert, in Leserbriefen und in den Social Media kommentiert werden. Es geht darum, wie die Kesb und die Beistandspersonen zu arbeiten und zu entscheiden haben, wenn sie ins Privatleben der Bevölkerung involviert sind.

Was darf die Kesb? Wann muss sie einschreiten? Was ist ihre Aufgabe? Welche Rechte und Pflichten haben Menschen, die freiwillig oder unfreiwillig mit Beiständen und der Kesb in Kontakt stehen? Wann muss man den Kontakt mit der Kesb suchen? Weshalb gibt es die Kesb?

Geht es um die Kesb, so sind die Meinungen schnell gemacht. Meist wird aber nicht mit Meinungen, sondern mit falschen Behauptungen argumentiert. In jedem Kapitel werden solche Behauptungen, die von Politikern, Social-Media-Usern und Leserbriefschreiberinnen geäussert werden und allesamt mit ein paar Klicks im Internet zu finden sind, in einem Faktencheck kritisch unter die Lupe genommen.

Früher waren im Beobachter-Beratungszentrum die Fragen zur Vormundschaftsbehörde ein Dauerbrenner. Heute sind es die Fragen zur Kesb. Viele von diesen haben Eingang ins Magazin gefunden, eine Auswahl daraus auch in dieses Buch – zusammen mit den Antworten der Expertinnen und Experten.

In diesem Buch geht es um die Kesb und um Menschen, die vielleicht irgendwann nicht mehr für sich selber sorgen können oder aus anderen Gründen Hilfe benötigen. Jede und jeder kann in eine solche Situation geraten. Deshalb geht die Kesb uns alle etwas an.

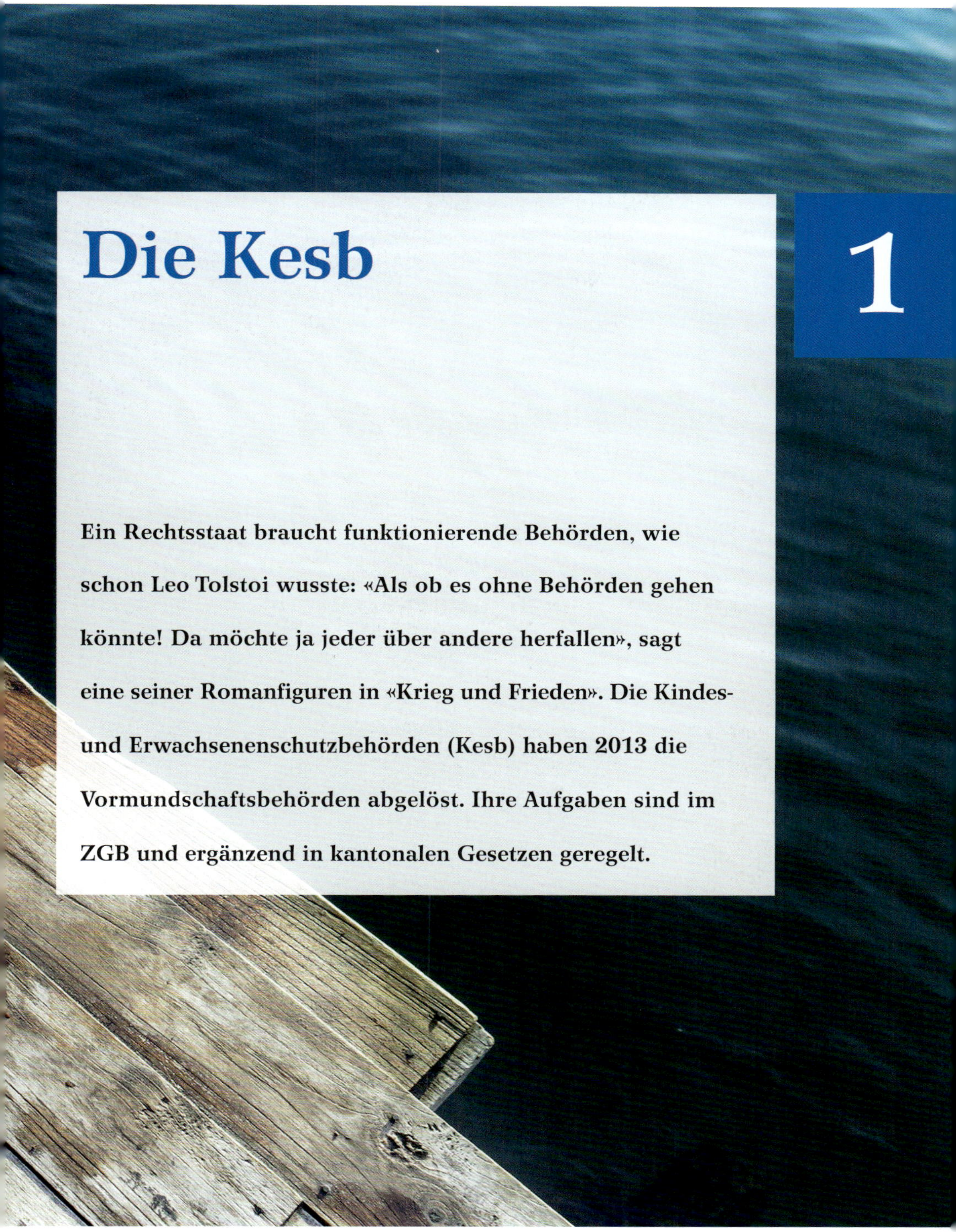

1 Die Kesb

Ein Rechtsstaat braucht funktionierende Behörden, wie schon Leo Tolstoi wusste: «Als ob es ohne Behörden gehen könnte! Da möchte ja jeder über andere herfallen», sagt eine seiner Romanfiguren in «Krieg und Frieden». Die Kindes- und Erwachsenenschutzbehörden (Kesb) haben 2013 die Vormundschaftsbehörden abgelöst. Ihre Aufgaben sind im ZGB und ergänzend in kantonalen Gesetzen geregelt.

Die Behörde namens Kesb

Das ZGB regelt, dass es eine Kesb gibt und wie sie zu funktionieren hat. Bereits in den Vorarbeiten und in der Vernehmlassung für das neue Kindes- und Erwachsenenschutzrecht wurde betont, dass die früheren (Laien-)Vormundschaftsbehörden durch professionelle Behörden ersetzt werden sollten. 2013 nahmen die neu gegründeten Behörden für Kindes- und Erwachsenenschutz landesweit ihre Arbeit auf.

Im Volksmund und in den Medien hat sich durchgesetzt, dass für die «Kindes- und Erwachsenenschutzbehörde» die Abkürzung Kesb oder KESB verwendet wird. Beide Schreibweisen sind richtig, falsch ist aber «Kesp»; Behörde schreibt man mit B. So sind denn nebst der Schreibweise meist auch die Inhalte falsch, die auf den Social Media unter #Kesp gefunden werden.

INFO *Bei Abkürzungen, die wie ein Wort ausgesprochen werden, verzichtet man in der Regel auf eine Aneinanderreihung von Grossbuchstaben – Beispiele: Aids, Nato, Natel, Radar, Unicef, Suva. Deshalb schreibt der Beobachter (ausser im Titel des Ratgebers) «Kesb» und nicht «KESB».*

Organisation der Kesb

Ob die Kesb auf Gemeinde-, Bezirks-, Kreis- oder Regionalebene organisiert sind, überlässt der Bund den Kantonen. Fast überall sind die Behörden aber auf Regionalebenen organisiert – so ist eine Kesb für ein grösseres Einzugsgebiet zuständig, in der Regel für etwa 50 000 bis 100 000 Einwohner. Ausser in grossen Städten kann eine Kesb also für mehrere Gemeinden zuständig sein.

Es gibt zwei verschiedene Formen, wie die Kesb organisiert sind. In der Deutschschweiz und im Tessin sind die Kesb zumeist als Behörde organisiert, in der Westschweiz sind sie in der Regel dem Gericht angegliedert.

INFO *Welche Kesb für Ihre Gemeinde zuständig ist, erfahren Sie auf der Website Ihrer Gemeinde oder auf der Website der Konferenz für Kindes- und Erwachsenenschutz, kurz Kokes (www.kokes.ch → Organisation → Organisation Kantone).*

Wer arbeitet auf einer Kesb?

Die Kesb ist eine Fachbehörde, keine Laienbehörde. Sie setzt sich aus mindestens drei Mitgliedern zusammen. Dass sie interdisziplinär zusammengesetzt sein muss, geht insbesondere aus dem französischen Gesetzestext hervor: «L'autorité de protection de l'adulte est une autorité interdisciplinaire» (während es auf Deutsch bloss heisst, dass die Erwachsenenschutzbehörde eine Fachbehörde sein muss). Aus diesem Grund sind die Behördenmitglieder Fachleute, die von Berufs wegen helfen: Sozialarbeiter, Juristinnen, Ärzte, Pädagoginnen und Psychologen, gelegentlich auch Experten aus dem Treuhandwesen. Diese Personen bilden zusammen die Behörde. Daneben arbeiten auf einer Kesb viele Juristen und Juristinnen, die den Behördenmitgliedern mit Rat und Tat zur Seite stehen. Für Spezialaufgaben stehen den Behördenmitgliedern auch Mitarbeiter mit kaufmännischer Ausbildung zur Verfügung.

Nebst fachlichen Kompetenzen, Berufserfahrung und guten Kenntnissen im Bereich des Kindes- und Erwachsenenschutzrechts muss ein Behördenmitglied viele menschliche Qualitäten besitzen. In Stelleninseraten sind meist folgende Kompetenzen gefragt:

- Gute kommunikative Fähigkeiten, lösungsorientiertes Denken und Handeln
- Hohe Empathie gegenüber Menschen in schwierigen Lebenssituationen
- Freude an der interdisziplinären Zusammenarbeit sowie Teamfähigkeit
- Verhandlungsgeschick und Entscheidungsfreude
- Psychische Belastbarkeit und Flexibilität im Umgang mit hohen Belastungen und Veränderungen

Leider gibt es – wie in jeder Branche – auch Kesb-Mitglieder, die diesen Anforderungen nicht oder nur teilweise entsprechen. Wenn sich dies negativ auswirkt, wäre zu überlegen, ob es genügend Gründe für eine Aufsichtsbeschwerde gibt (siehe Glossar).

Die Kesb im Dienst der Bevölkerung
Niemand wird bestreiten, dass in unserer Gesellschaft viele Kinder und Erwachsene vorübergehend oder dauernd Hilfe benötigen. Wenn niemand aus dem Umfeld diese Unterstützung übernimmt, ist die Kesb gefragt. Wenn sie ihre Dienste anbieten muss, ist sie gehalten, die «Fälle», hinter denen meist Menschen mit Sorgen und Problemen stehen, mit viel Feingefühl zu behandeln. Es ist das Ziel der Kesb, dass diese Menschen gestärkt werden und nicht gebrochen aus der Situation herauskommen. Letzteres wäre nicht im Sinn des Gesetzes.

FAKTEN CHECK

DARF DIE KESB SCHALTEN UND WALTEN WIE SIE WILL?
«Die Kesb ist eine Katastrophe, eine Stasi-Behörde. Sie macht, was sie will.»

Der Check: Die Stasi war in der ehemaligen DDR Nachrichtendienst und Geheimpolizei und fungierte als Machtinstrument. In der DDR gab es offene Repression; die Bürger wurden an der Grenze erschossen. Die Machenschaften des Unrechtsstaats DDR mit dem Rechtsstaat Schweiz gleichzusetzen, verharmlost die Gräueltaten der Stasi.

Das Gesetz, in dem die Aufgaben der Kesb umschrieben sind, wurde vom schweizerischen Parlament verabschiedet. Der Nationalrat stimmte mit 144 : 41 Stimmen zu (bei 3 Enthaltungen), der Ständerat gar einstimmig.

Leitbild einer Kesb

Viele Firmen und Organisationen geben sich ein Leitbild. Darin ist kurz und prägnant formuliert, was der Auftrag ist, was von den Mitarbeitenden erwartet wird, was die Ziele sind und wie diese umgesetzt werden sollen. Das Leitbild einer Kesb könnte wie folgt aussehen:

- **Auftrag:** Die Kesb nimmt Verantwortung im Sinn des Gesetzgebers wahr. Sie berät, begleitet und unterstützt schutz- und hilfsbedürftige Menschen und deren Angehörige aus ihrem Einzugsgebiet. Sie leistet Hilfe in schwierigen Lebenssituationen – allerdings nur, wenn die Unterstützung von Angehörigen, Freunden und Bekannten, von Beratungsstellen oder Sozialdiensten nicht ausreicht oder nicht möglich ist.

- **Kernaufgaben:** Kernaufgaben der Kesb sind Abklärungen, Anordnungen sowie die Führung und Prüfung von gesetzlichen und behördlichen Massnahmen. Die Kesb orientiert sich an den Bedürfnissen der einzelnen Personen und sichert ein rechtsstaatlich einwandfreies Verfahren.
- **Grundhaltung:** Die Mitarbeitenden der Kesb respektieren einen Menschen in seiner ganzen Persönlichkeit und Würde und legen Wert auf seine Eigenverantwortung. Die Haltung der Kesb ist geprägt von Offenheit, Achtsamkeit, Wertschätzung und Anerkennung. Alle Mitarbeiter und Mitarbeiterinnen sind bestrebt, eine wohlwollende und wertschätzende Atmosphäre zu schaffen. Sie kommunizieren empathisch, offen und ehrlich und gestehen Fehler ein.
- **Ziele:** Die Kesb unterstützt die Menschen, mit denen sie es zu tun hat. Sie fördert die Selbständigkeit, das persönliche Wohlergehen und die Teilnahme am gesellschaftlichen Leben. Die Kesb fördert die Stärken der Menschen, sodass sie – wenn möglich – ohne fremde Unterstützung eigenständig leben können. Die Kesb berücksichtigt immer auch die Kosten- und Zeitfaktoren. Sie sucht ökonomisch vertretbare und gleichzeitig nachhaltige Lösungen.

Wer kontrolliert die Kesb?

Jede Kesb untersteht einer Aufsichtsbehörde. Wer diese Aufsicht übernimmt, ist wie fast alles in der Schweiz von Kanton zu Kanton unterschiedlich geregelt.

Die Aufgaben der Aufsichtsbehörden konzentrieren sich auf die administrative Aufsicht und auf die Qualitätssicherung. Dass es eine Aufsichtsbehörde gibt, ist für die Betroffenen und ihre Angehörigen nur in einem Fall wichtig: Allgemeine Aufsichtsbeschwerden (siehe Glossar) gegen die Kesb sind an die Aufsichtsbehörde zu richten. Eine Beschwerde gegen einen Entscheid der Kesb hingegen muss bei einem Gericht eingereicht werden (mehr dazu auf Seite 48).

Vom Vormundschaftsrecht zum Kindes- und Erwachsenenschutz

Bundesrat, National- und Ständerat waren schon Ende des 20. Jahrhunderts der Ansicht, dass das Vormundschaftsrecht, der Vorgänger des heutigen Kindes- und Erwachsenenschutzrechts, nicht mehr den Anforderungen der Zeit gerecht wurde. Die Vorarbeiten für das neue Gesetz dauerten ziemlich genau zwei Jahrzehnte – vor allem weil sich ausser den Berufsverbänden niemand wirklich dafür interessierte. 2013 trat das neue Gesetz in Kraft.

Profis statt Laien

In den Vormundschaftsbehörden hatten fast ausschliesslich Laien geamtet. Im Bundeshaus war man sich einig, dass die Schwierigkeiten einzelner Menschen nicht von Laien beurteilt, sondern von Profis angegangen werden sollten. Als das Kindes- und Erwachsenenschutzrecht fertig war, wurde es von National- und Ständerat mehr oder weniger einfach durchgewinkt. Weil die Presse wenig darüber schrieb, interessierte sich die Bevölkerung nicht für das neue Gesetz. Das änderte sich schlagartig, als es in Kraft trat, die regionalen Fachbehörden namens Kesb ihre Arbeit aufnahmen und sich die kommunalen (Laien-)Vormundschaftsbehörden auflösten.

FAKTEN CHECK

WAR DAS VORMUNDSCHAFTSRECHT BESSER?

«Die Vormundschaftsbehörden, von denen es bis Ende 2012 in jeder Gemeinde eine gab, waren näher bei den Bürgern als die Mitarbeiter der Kesb, die regional organisiert sind! Das war sehr viel menschlicher.»

Der Check: Auch wenn viele Vormundschaftsbehörden zweifellos gute Arbeit leisteten, ist geografische Nähe keine Garantie für Menschlichkeit. Auch nicht für fachlich begründete Entscheide. Die damalige Nähe zu den Betroffenen wird idealisiert.

Heute ist es nicht mehr Nachbar Huber, der Frau Müller oder ihre Kinder nach Gutdünken ins Heim stecken kann. Und anstelle der Vormundschaftssekretärin Meier, die sich bei allen beliebt machen wollte und deshalb lieber wegschaute, wenn gehandelt werden sollte, entscheiden heute unabhängige Fachleute. Früher konnte es vorkommen, dass ein Mitglied der Vormundschaftsbehörde für den Schutz eines misshandelten Kindes hätte sorgen müssen und gleichzeitig mit dessen gewalttätigem Vater im Männerchor war und ihn privat als guten Kumpel kannte – das konnte nicht gut kommen.

Nicht ganz vergessen werden darf auch, dass unter den Vormundschaftsbehörden unter anderem wegen fehlender Kontrollen viel Unrecht geschah, zum Beispiel mit dem Hilfswerk «Kinder der Landstrasse», das Fahrenden ab 1926 die Kinder wegnahm. Ein weiteres Stichwort sind die Verdingkinder.

Doch heute wie damals gilt: Gegen Fehlentscheide ist niemand gefeit. Mit professionellen Behörden wie der Kesb ist aber die Wahrscheinlichkeit höher, dass eine adäquate Lösung gefunden und Schlimmes verhindert wird.

Gestern und heute

Als vor über 100 Jahren das Vormundschaftsrecht entstand, ging man davon aus, dass schwierige Leute bei einer gewissen Härte brav spuren würden und dass man Probleme Einzelner am besten im Dorf in den Griff bekommen könne. Das Kindes- und Erwachsenenschutzrecht ist eine Abkehr von dieser Auffassung.

Das neue Recht fördert die Selbstbestimmung der betroffenen Personen. Statt starrer Erwachsenenschutzmassnahmen wie Vormundschaft, Beiratschaft und Beistandschaft gibt es heute massgeschneiderte Lösungen (siehe Seite 119), die von Profis angeordnet werden. Der Rechtsschutz ist verbessert und bei fürsorgerischen Unterbringungen (siehe Seite 140) findet eine regelmässige Überprüfung statt.

Im neuen Recht wird insbesondere das Selbstbestimmungsrecht grossgeschrieben – im Vormundschaftsrecht waren Vorsorgeaufträge, Vertretungsrechte der Ehegatten und gesamtschweizerische Patientenverfügungen kein Thema.

Im Kindesschutz ergaben sich durch die Gesetzesrevision nur geringfügige Änderungen.

BEVORMUNDUNG FÜR SUCHTKRANKE Im Jahr 2009 wurde Remo T. im Alter von 35 Jahren bevormundet. Er war suchtkrank, arbeitslos und nahm Kredite auf, die er nicht zurückzahlen konnte. Die Vormundschaftsbehörde stellte ihn unter Vormundschaft, musste die Bevormundung im Amtsblatt publizieren, und Remo T. konnte keinerlei Verträge mehr unterschreiben, weil er entmündigt wurde und somit handlungsunfähig war. Die Behörde stützte sich auf folgenden Gesetzestext: «Unter Vormundschaft gehört jede mündige Person, die durch Verschwendung, Trunksucht, lasterhaften Lebenswandel oder durch die Art und Weise ihrer Vermögensverwaltung sich oder ihre Familie der Gefahr eines Notstandes oder der Verarmung aussetzt, zu ihrem Schutze dauernd des Beistandes und der Fürsorge bedarf oder die Sicherheit anderer gefährdet.»

Als 2013 das neue Recht in Kraft trat, konnte für Remo T. eine Vertretungsbeistandschaft eingerichtet werden: Die Handlungsfähigkeit ist ihm nur für Abzahlungs- und Kreditgeschäfte entzogen. Alle anderen Verträge kann er selber unterschreiben. Zudem wird die Massnahme nirgends veröffentlicht.

KEINE EHELICHE VERTRETUNG MÖGLICH Der Ehemann von Margrit G. wurde 2001 zunehmend dement. Schliesslich war er nicht mehr in der Lage, die Arztrechnungen bei der Krankenkasse einzureichen, Geld von seinem Konto abzuheben, die Steuererklärung auszufüllen und die Miete zu bezahlen. Die Vormundschaftsbehörde stellte ihn unter Beistandschaft.

Wenn eine verheiratete Person heute urteilsunfähig wird, hat die Ehefrau oder der Ehemann dank dem neuen Recht automatisch ein Vertretungsrecht für alltägliche Handlungen (siehe Seite 64). Dasselbe gilt für Menschen, die in einer eingetragenen Partnerschaft leben.

KEINE EIGENE VORSORGE Moritz N. verunfallte vor 15 Jahren mit dem Motorrad und fiel ins Koma. Damit seine Wohnung gekündigt werden konnte, die Sozialversicherungen zum Tragen kamen und die nötigen Rechnungen bezahlt wurden, ordnete die Vormundschaftsbehörde eine Beistandschaft an.

Heute kann jedermann mit einem Vorsorgeauftrag (siehe Seite 56) bestimmen, wer im Fall der Urteilsunfähigkeit die Vermögenssorge, den Rechtsverkehr und die Personensorge übernimmt (siehe Glossar).

MEDIZINISCHES VERTRETUNGSRECHT UNKLAR 2011 unterzog sich Susanne S. einer Operation und wachte nicht mehr auf. Sie kam auf die Intensivstation. Ihr Mann, der von ihr getrennt lebte, ihre erwachsenen Kinder und selbst ihre Eltern stritten sich am

Spitalbett, ob der neue Lebenspartner ein Besuchsrecht erhalten solle. Niemand wusste so richtig, was zu tun war.

Heute wäre der Fall klar: Der Partner von Susanne S., mit dem sie zusammenlebte, hätte ein Besuchsrecht, ja sogar das Vertretungsrecht bei medizinischen Massnahmen (siehe Seite 75).

FAKTEN CHECK

IST DIE KESB ZU TEUER?

«Wegen der Kesb ist alles teurer geworden. Die Vormundschaftsbehörden schmissen mit Geld nicht einfach um sich.»

Der Check: Es ist keineswegs neu, dass die Sozialbehörden bezahlen müssen, was eine Kesb beschliesst, etwa eine Heimplatzierung. Auch Beschlüsse der Vormundschaftsbehörden mussten von den Sozialbehörden bezahlt werden. Bis zur Einführung des neuen Gesetzes wurde aber oft die billigste Lösung gewählt. Schliesslich war die Vormundschaftsbehörde vielerorts gleichzeitig die Sozialhilfe- bzw. Fürsorgebehörde. Es darf aber nicht sein, dass die Kostenfrage bei notwendigen Massnahmen eine entscheidende Rolle spielt. Wäre es anders, müsste die öffentliche Hand mitentscheiden können, ob ein Straftäter freigesprochen oder zu einer teuren Verwahrung verurteilt wird. Solche Entscheide gehören in die Hände von unabhängigen Profis, die den Menschen und nicht die Finanzen ins Zentrum stellen.

Durchaus möglich ist, dass Mitglieder der Vormundschaftsbehörden lediglich Sitzungsgelder erhielten, da sie im Nebenamt arbeiteten. Heute sind Fachleute angestellt, die einen branchenüblichen Monatslohn beziehen – Qualität ist nirgends gratis zu haben. Verlässliche Erhebungen über diese Kosten gibt es aber nicht.

«Engagiert, hartnäckig und gegen alle Widrigkeiten»

Patrick Fassbind, Jahrgang 1975, Präsident der Kesb Basel

Vor vielen Jahren machte ich im Blauen Haus, einem Gebäude am Basler Rheinsprung, ein Volontariat auf der damaligen Vormundschaftsbehörde. Heute arbeite ich wieder in diesem Haus – nicht mehr als Volontär, sondern als Chef der Kesb. Zurückgekehrt bin ich nicht etwa wegen des grandiosen Rheinblicks, sondern weil mich die Schicksale hilfs- und schutzbedürftiger Menschen in meiner Herzensstadt schon als Volontär berührten. Heute helfe ich ihnen mit meinem juristischen Lieblingswerkzeug, dem Schweizerischen Zivilgesetzbuch (ZGB). Meine Begeisterung für dieses Buch erwachte schon früh. Als Arbeiterkind versuchte ich darin der Ungerechtigkeit auf die Spur zu kommen, weshalb meine Gspänli so unterschiedlich viel Sackgeld erhielten. Später studierte ich als Erster der Familie und finanzierte mir das Studium zum Grossteil selber, mal als Nachtwächter, mal als Müllmann. Als Assistent an der Juristischen Fakultät gab ich dann mein Wissen mit Begeisterung weiter, ich bestand die Basler Advokatenprüfung, führte eine eigene Anwaltskanzlei, schrieb eine Dissertation zur elterlichen Sorge und arbeitete bei einer Grossbank.

2008 zog ich mit Frau und Baby nach Glarus, um die Chance zu nutzen, das Vormundschaftsamt aufzubauen und es später in die Kindes- und Erwachsenenschutzbehörde zu überführen. Damals wurde ich zum ersten Mal von einer Klientin angespuckt, die mit einem Entscheid unzufrieden war. Später zog meine um eine Tochter angewachsene Familie weiter in die Stadt Bern, wo ich Präsident der Kesb wurde.

Ich engagierte mich auch in der Aus- und Weiterbildung, publizierte einiges und hielt unzählige Referate, in denen ich für das einstand, was eine Kesb ist – eine Blaulichtorganisation für Kinder, Jugendliche und Erwachsene in sozialen Krisen.

Als ich die Möglichkeit erhielt, nach Basel zurückzukehren, konnte ich nicht Nein sagen. Doch leider gehören Beschimpfungen, Anfeindungen und Todesdrohungen mittlerweile fast schon zum Alltag. Ich habe gelernt, damit zu leben. Wenn ich wie immer sehr früh in mein Büro gehe, bin ich davon überzeugt, dass meine Arbeit wichtig ist: Geschlagene, missbrauchte und vernachlässigte Kinder brauchen Schutz – genau wie betagte Menschen, die nicht mehr zurechtkommen oder von Dritten ausgenützt werden. In meiner Arbeit geht es mir immer darum, gemeinsam Lösungen zu finden. Um dieses Ziel zu erreichen, versuche ich, zu vermitteln, mit den Menschen zu reden und auf sie zuzugehen.

Heute ist vieles anders als damals, als ich Volontär war. Doch in meinem Herzen bin ich immer noch derselbe – jemand, der für verletzliche Menschen mit vollem Einsatz kämpft und sich persönlich engagiert, beispielsweise mit dem Kinderrechtsbuch «Juris erklärt dir deine Rechte».

Die Kesb bietet Schutz

Ist das Wohl eines Kindes gefährdet und sorgen die Eltern nicht für Abhilfe, ist es die Aufgabe der Kesb, die notwendigen Massnahmen zu treffen. Ebenso muss die Kesb Schutz bieten, wenn eine volljährige Person hilfsbedürftig ist und ihre Angelegenheiten nicht selber regeln kann. Die Kesb muss auch für den nötigen Schutz sorgen, wenn eine erwachsene Person nicht für den Fall ihrer Urteilsunfähigkeit vorgesorgt hat und urteilsunfähig wird.

Das Gesetz regelt, in welchen Situationen die Kesb Hilfe bereitstellen muss, welche Arten von Schutz es gibt und wie ein Verfahren abläuft.

Wann ist Schutz nötig?

Die Kesb ist für Erwachsene wie für Kinder da. Sie muss dann Schutz bieten,

- wenn die Unterstützung eines hilfsbedürftigen Erwachsenen oder eines schutzbedürftigen Kindes durch die Familie, andere nahestehende Personen und private oder öffentliche Dienste (wie Sozialdienst, Nachbarschaftshilfe, Spitex, Mahlzeitendienst, Beratungsstellen) nicht ausreicht oder von vornherein als ungenügend erscheint;
- bei Urteilsunfähigkeit einer volljährigen Person, wenn diese keine oder keine ausreichende Vorsorge getroffen hat (siehe Vorsorgeauftrag, Seite 56) und die eigene Vorsorge nicht genügt.

Wenn die Kesb eine Massnahme anordnet, muss diese erforderlich und geeignet sein, die problematische Situation zu entschärfen. Als oberstes Prinzip gilt, dass eine Massnahme den Schutz und das Wohl einer hilfsbedürftigen Person sicherstellen muss.

Oft ist die Unterstützung willkommen

Bei einem Unfall und bei Krankheiten nehmen wir alle gern Hilfe an – und wenn man es sich leisten kann, engagiert man im Alltag eine Reinigungskraft, eine Steuerberaterin und Zügelmänner. Man fühlt sich dann stark und unabhängig. Es ist keine Schwäche, sondern eine Stärke, wenn man Hilfe und Unterstützung in Anspruch nimmt. Dies ist in einem Dienstleistungsland wie der Schweiz immer möglich.

Hier nun ein paar Beispiele von Menschen, die froh waren um die Unterstützung durch die Kesb:

BEISTAND FÜR DEN BEHINDERTEN SOHN Seit 37 Jahren sind Cornelia und Peter V. für ihren Sohn da und erledigen alles für ihn. Doch das Administrative wird immer komplizierter: Dier Steuererklärung ginge ja noch, aber da sind auch all die Schreiben der IV, der Haftpflichtversicherung und der sonstige Papierkram. Nach anfänglicher Skepsis sind die beiden nun froh, dass sich die Kesb eingeschaltet und Lösungen vorgeschlagen hat. Es wird jetzt nicht mehr passieren, dass die Krankheitskosten nicht mit den Ergänzungsleistungen abgerechnet werden und deswegen kein Geld für die fällige Heimrechnung vorhanden ist. Obwohl die Kesb eine Vertretungsbeistandschaft angeordnet (siehe Seite 128) und einen Berufsbeistand eingesetzt hat, können die Eltern immer noch für ihren Sohn da sein. Sogar mehr als früher, weil sie sich nicht mehr um die administrativen Angelegenheiten kümmern müssen.

HILFE FÜR JUNGE LEUTE Als David R. volljährig wurde, schwor er sich, dass er sich von niemandem mehr dreinreden lassen werde. Er machte, was er wollte – mit dem Resultat, dass schon bald der Pfändungsbeamte vor der Tür stand und seine WG-Kollegen ihn auf die Strasse stellten. Weil David R. keinen Plan hat und auch nie gelernt hat, was im Leben ausser Vergnügen sonst noch wichtig sein könnte, ist er froh um die Begleitbeistandschaft, die von der Kesb angeordnet wurde (siehe Seite 126).

KESB HILFT DER MUTTER Priska D. ist mit ihren Geschwistern heillos zerstritten. Ihr Bruder hat das Bankkonto der dementen Mutter geplündert, und die Schwester macht es sich in einer der Eigentumswohnungen der Mutter gemütlich – selbstverständlich ohne Miete zu bezahlen. Wenn es darum geht, ob die Mutter Hilfe der Spitex, einen Mahlzeitendienst braucht und wegen ihrer Gebrechen zum Arzt gebracht werden sollte, will niemand helfen, aber alle wollen mitreden. Seit sich die Kesb eingeschaltet hat, ist damit Schluss (siehe Seite 76 und 128).

DIE ENKEL WIEDER SEHEN DÜRFEN Seit ihre Tochter einer Sekte beigetreten und weggezogen ist, hat das Ehepaar T. keinen Kontakt mehr zu den Enkeln – dabei sind die Kinder früher bei Grosi und Opa ein und aus gegangen. Die Tochter ist der Ansicht, dass die Kinder ausser zu den Mitgliedern der spirituellen Gemeinschaft zu niemandem Kontakt haben sollen – wegen ihrer ganzheitlichen Erziehung, wie sie es nennt. Die Kesb sieht dies nicht so und stellt ein Besuchsrecht für die Grosseltern sicher (siehe Seite 106).

Schutz wider Willen

Es kommt immer wieder vor, dass ein erwachsener Mensch nicht einsieht, dass er sich durch sein Verhalten selber gefährdet – sei es, weil er sein Verhalten nicht als problematisch einstuft oder weil er aufgrund einer psychischen Erkrankung gar nicht in der Lage ist, es zu beurteilen. Ebenso kommt es vor, dass Eltern nicht verstehen wollen, dass ihr Verhalten die Kesb auf den Plan ruft. Erst recht sind viele strikt dagegen, dass sich die Kesb um ihr Kind kümmert. Das Gesetz regelt, dass Betroffene letztlich nicht selber entscheiden können, ob sie Unterstützung bekommen und welchen Schutz sie brauchen. Auch die Angehörigen können dies nicht entscheiden.

Wenn jemand sich nicht im Klaren ist darüber, dass er oder sie Schutz und Unterstützung braucht, kommt die Kesb ins Spiel. Sie fragt nicht, ob jemand Hilfe wünscht. Sie prüft, ob Hilfe nötig ist (siehe Seite 39). So schaltet sich die Kesb meist in schwierigen, konfliktbeladenen Situationen ein. Da ist es unvermeidlich, dass es oft auch Unzufriedene gibt.

TIPP *Vielleicht empfinden Sie es als eine Zumutung, Frechheit oder als Herumschnüffeln in Ihren privaten Angelegenheiten, wenn sich die Kesb bei Ihnen meldet. Dennoch: Es empfiehlt sich nicht, Gespräche mit der Kesb zu boykottieren. Die Behörde wird sich mit Ihnen befassen, ob Ihnen das genehm ist oder nicht. Genauso wenig wie die Kesb einfach nach Gutdünken ein Verfahren eröffnen darf, können Sie verhindern, dass ein Verfahren eröffnet wird.*
Nur wenn Sie in diesem Verfahren aktiv mitmachen, wird auch Ihre Ansicht gehört.

In Situationen wie den folgenden wird sich die Kesb einschalten – auch wenn die Betroffenen sich dagegen sträuben:

HILFE FÜR PSYCHISCH KRANKE Nach einer abgebrochenen Lehre suchte der heute 27-jährige Cédric P. keine weitere Lehrstelle. Er lag nur in seinem Zimmer, kiffte und seine Sicht auf die Welt wurde immer verschrobener. In jedem Menschen sah er einen Mafiaboss, eine Gangsterbraut oder einen russischen Spion. Als die Kesb auf ihn aufmerksam wird, verweigert er sämtliche Gespräche, weil er der Überzeugung ist, dass die Behördenmitglieder als Menschen verkleidete Ausserirdische sind. Nach längeren Abklärungen stellt ihm die Kesb einen Vertretungsbeistand zur Seite (siehe Seite 128).

HILFE FÜR VERWAHRLOSTE KINDER Manuela und Jürg O. haben zwei Buben, 4 und 5 Jahre alt. Sie halten die beiden für zwei kleine Bengel, für Lausbuben. Dass die Söhne kaum reden und nicht mit Messer und Gabel umgehen können, halten die Eltern nicht für problematisch – jedes Kind sei schliesslich anders. Dass sie von den Buben geschlagen werden und diese ihre wenigen Spielsachen ständig kaputt machen, führen die O.s auf das Temperament der beiden zurück. Deshalb möchten die Eltern auch nicht, dass ihre Kinder mit anderen spielen. Als sich die Kesb einschaltet und eine Fremdplatzierung anordnet (siehe Seite 93), sind sie empört und lassen ihrem Ärger auf Facebook freien Lauf.

EIN KIND BRAUCHT BEIDE ELTERN Obwohl sie sich ewige Liebe geschworen hatten, hielt der Bund fürs Leben bei Selina und Roger B. nicht lang. Als das gemeinsame Töchterchen zur Welt kam, begannen die Streitereien. Die Mutter fand, der Vater sei viel zu grob mit der Kleinen; der Vater fand, die Mutter sei übervorsichtig. Roger B. ärgerte sich zunehmend über das Chaos, das seine Frau überall in der Wohnung hinterliess, diese wiederum sah in ihm einen Pedanten. Als Selina B. einen anderen Mann kennenlernt, weiss sie, dass Roger nicht der ideale Partner für sie ist. Und wer als Partner nichts taugt und so pingelig ist, kann auch kein guter Vater sein, ist sie überzeugt. Deshalb verweigert sie Roger B. seit der Trennung jeglichen Kontakt mit der Tochter. Dieser lässt sich das nicht gefallen und wendet sich an die Kesb, die schliesslich eine Beistandschaft zur Regelung des Besuchsrechts einrichtet (siehe Seite 104).

Die Aufgaben der Kesb

Das Kindes- und Erwachsenenschutzrecht hat sicherzustellen, dass hilfsbedürftige Menschen die notwendige Unterstützung erhalten. Aber die Freiheit des Einzelnen darf nur so weit eingeschränkt werden, wie dies zu seinem Schutz und zur Gewährleistung eines menschenwürdigen Daseins notwendig ist.

Die Kesb hat weit mehr zu tun, als behördliche Massnahmen wie Beistandschaften und fürsorgerische Unterbringungen anzuordnen. Sie muss beispielsweise einschreiten, wenn Ärzte sich über eine Patientenverfügung eines im Koma liegenden Menschen hinwegsetzen oder wenn sich die Angehörigen darüber streiten, ob bei der hochbetagten, dementen Mutter lebensverlängernde Operationen durchgeführt werden sollen (siehe Seite 76). Sie muss Entscheide fällen, wenn Eltern nicht zum Wohl ihres Kindes handeln, und sie muss Verträge über den Unterhalt eines Kindes genehmigen. Darüber hinaus setzt die Kesb Vorsorgeaufträge in Kraft (siehe Seite 65). Bei Bedarf händigt sie der Ehefrau eines urteilsunfähigen Mannes eine Urkunde aus, mit der diese die Bankgeschäfte und andere Angelegenheiten besorgen kann (siehe Seite 64).

FAKTEN CHECK

FAKTENCHECK: WAS GEHÖRT ZU DEN AUFGABEN DER KESB?

«Die Kesb sollte sich ausschliesslich um wirklich problematische Fälle kümmern, beispielsweise um radikalisierte und gewaltbereite Jugendliche und sogenannte Gefährder.»

Der Check: Dafür sind die Polizei und die Justiz zuständig. Die Aufgabe der Kesb ist der Schutz für hilfsbedürftige Personen und die Sicherstellung einer angemessenen Unterstützung und Betreuung.

Die Kesb untersteht der Schweigepflicht

Viele Berufsgruppen unterstehen einem Berufsgeheimnis. Angehörige dieser Berufsgruppen dürfen das, was sie in ihrer beruflichen Tätigkeit erfahren, Dritten gegenüber nicht preisgeben. Wer dagegen verstösst, kann sich strafbar machen (Freiheitsstrafe oder Busse). Die Schweigepflicht gilt auch für die Hilfspersonen von Fachleuten – und sie gilt auch weiter, wenn jemand eine neue Stelle antritt.

Auch die Mitarbeiterinnen und Mitarbeiter der Kesb haben eine Schweigepflicht – und das zu Recht, denn in den Akten und Dossiers stehen oft viele persönliche und private Dinge über Menschen, die Dritte nichts angehen. Doch wenn sich die Kesb gegenüber den Medien auf diese Schweigepflicht beruft, bewirtschaften einige Journalisten clever das Empörungspotenzial erregter Bürger und zeigen sich entsetzt. Die Kesb darf und soll aber nicht Einzelfälle öffentlich kommentieren – selbst dann nicht, wenn die betroffene Person die Kesb gegenüber den Medien von der Schweigepflicht befreit. Die Aufgabe der Behörde ist es, hilfsbedürftige Menschen zu schützen. Sollte eine Kesb dieser Aufgabe nicht nachkommen, dann können die Medien als vierte Gewalt im Staat ins Spiel kommen.

Die Schweigepflicht gilt auch gegenüber Angehörigen. Dazu ein paar Beispiele: Es geht die Kinder nichts an, wie viel Geld ihre Eltern auf dem Bankkonto haben – es sei denn, die Eltern möchten ihren Kindern sagen, was sie besitzen. Wenn die Eltern dement sind und eine Beiständin haben, dürfen deshalb weder Kesb noch Beiständin die Kinder über den Kontostand der Eltern informieren. Das Gleiche gilt selbstverständlich auch dann, wenn ein volljähriges Kind verbeiständet ist und die Eltern Einblick in seine Vermögensverhältnisse haben wollen. Mitarbeiter der Kesb dürfen auch niemandem sagen, wer gegen seinen Willen in einer Klinik untergebracht ist, ob jemand verbeiständet ist oder bei wem andere Massnahmen angeordnet wurden. Auch wenn jemand eine Gefährdungsmeldung macht (siehe nächste Seite), hat er oder sie kein Recht zu erfahren, ob die Kesb tätig wurde und was sie unternommen hat.

Keine Regel ohne Ausnahme

Allerdings gibt es Ausnahmen, die diese Regel bestätigen. Wenn die Kesb einen Fall abklärt, kann es notwendig sein, Berichte und Auskünfte von Drittpersonen und/oder Organisationen einzuholen (siehe Kasten auf der nächsten Seite) – damit ist in der Regel bereits gesagt, dass sich die Kesb mit jemandem befasst. Es gibt weitere Ausnahmen: Wer nicht sicher ist, ob ein Vertragspartner handlungsfähig ist und Verträge unterschreiben darf, kann bei der Kesb nachfragen und erhält die Information, ob dieser Person die Handlungsfähigkeit ganz oder teilweise entzogen ist.

MITWIRKUNGSPFLICHT
Wenn die Kesb Erkundigungen über jemanden einholt, sind die am Verfahren beteiligten Personen und Dritte zur Mitwirkung verpflichtet. Viele Berufsgruppen (Ärztinnen, Psychologen, medizinisches Fachpersonal etc.) sind nur dann zur Mitwirkung verpflichtet, wenn sie von der betroffenen Person oder einer übergeordneten Behörde vom Berufsgeheimnis entbunden werden. Nicht zur Mitwirkung verpflichtet sind unter anderen Anwälte, Geistliche und Mediatorinnen (siehe auch nächste Seite). ■

Gefährdungsmeldungen

Jedermann kann an die Kesb gelangen, wenn seines Erachtens ein Kind, ein Jugendlicher, eine Familie oder eine erwachsene Person gefährdet ist. Etwa wenn jemand geistig oder psychisch beeinträchtigt ist, schwer suchtkrank oder verwahrlost ist oder wenn ein Kind vernachlässigt, missbraucht, geschlagen oder geplagt wird. Die Kesb ist verpflichtet, jeder Gefährdungsmeldung nachzugehen und fundierte Abklärungen zu treffen.

Man kann es drehen und wenden, wie man will: Dem Begriff «Gefährdungsmeldung» haftet etwas Negatives an, er klingt nach Verpetzen, Anzeigen und Anschwärzen. Das ZGB spricht neutral von «Melderechten» und «Meldepflichten».

Wer braucht Hilfe von der Kesb?

Eine erwachsene Person ist nicht nur im Fall einer Demenz hilfsbedürftig, sondern auch wenn sie sehr vergesslich, psychisch krank, geistig behindert oder verwahrlost erscheint. Wenn Anzeichen bestehen, dass die persönlichen oder administrativen Angelegenheiten einer solchen Person gefährdet sind, und niemand Abhilfe schafft, muss die Kesb tätig werden.

Kinder sind hilfsbedürftig, wenn das Kindeswohl gefährdet ist – etwa wenn sie Gefahren ausgesetzt sind oder vernachlässigt werden (siehe auch Seite 82). Wenn die Kesb über eine solche Gefährdung informiert wird, muss sie abklären, ob das Wohl des Kindes tatsächlich bedroht ist. Hier steht sie in einem Dilemma: Manche Eltern kümmern sich um ihre Kinder nicht so gut, wie sich dies die Gesellschaft wünscht. Aber sie behandeln ihre Kinder auch nicht so schlecht, dass ein Eingreifen des Staates, der Kesb, nötig wäre.

INFO *Sowohl im Kindes- als auch im Erwachsenenschutzrecht ist klar geregelt, wie die Kesb tätig wird. Sie muss ein Verfahren eröffnen (siehe Seite 38).*

Hinschauen, nicht wegschauen!
Wenn man mitbekommt, dass ein Mensch Hilfe benötigt, muss man handeln – dies verlangt die Zivilcourage eines jeden Einzelnen. Manchmal kann man aber nicht selber helfen. Private Personen können in solchen Fällen mit einer Meldung an die Kesb gelangen, wenn sie den Eindruck haben, jemand brauche Unterstützung, weil freiwillige Hilfeleistungen nicht genügen oder weil sie nicht möglich sind.

TIPP *Bevor Sie an die Kesb gelangen, sollten Sie immer das Gespräch mit der betroffenen Person und/oder mit deren Angehörigen suchen. Das verlangt der Respekt vor den Mitmenschen und die eigene gute Kinderstube. Allerdings braucht es dazu einiges an Zivilcourage. Gehen Sie auf die betroffene Person zu. Im Idealfall ist diese mit einer Unterstützung einverstanden und nimmt freiwillig Hilfe in Anspruch.*

Melderechte und Meldepflichten

Viele Amtsstellen und Fachleute sind zu einer Meldung verpflichtet, wenn sie in ihrer Tätigkeit mit Menschen zu tun haben, denen mit Kindes- oder Erwachsenenschutzmassnahmen gedient sein könnte. Bezüglich der Meldungen bestehen unterschiedliche gesetzliche Grundlagen im Kindesschutz und im Erwachsenenschutz.

Melderecht bei Erwachsenen

Freunde, Verwandte, Nachbarn sind meldeberechtigt, wenn eine Person hilfsbedürftig erscheint und somit Hilfe und Unterstützung nötig hat.

Auch Fachpersonen, die beruflich oder ehrenamtlich mit Erwachsenen Kontakt haben, sind meldeberechtigt – beispielsweise Mitarbeiterinnen auf Budget- oder Schuldenberatungsstellen. Ebenso sind Fachpersonen in Alters- und Pflegeheimen und Mitarbeiter in Casinos, Restaurants und Läden meldeberechtigt. Geregelt ist dies in Artikel 443 ZGB.

Melderecht bei Kindern

Bestehen Anzeichen, dass die körperliche, psychische oder sexuelle Integrität eines Kindes gefährdet ist, hat jedermann ein Melderecht. Auch Fachpersonen, die ehrenamtlich Kontakt mit Kindern haben, sind meldeberechtigt, beispielsweise Trainer in Sportvereinen, Pfadileiterinnen etc.

Liegt eine Meldung im Interesse des Kindes, sind auch Personen meldeberechtigt, die dem Berufsgeheimnis nach Strafgesetzbuch unterstehen – etwa Haus- und Kinderärztinnen, Psychologen, Anwältinnen, Geistliche. Diese Bestimmung gilt aber nicht für die nach Strafgesetzbuch an das Berufsgeheimnis gebundenen Hilfspersonen wie Pflegefachpersonen, Heilpädagogen, Sozialarbeiterinnen in psychiatrischen Kliniken, medizinische Praxisassistentinnen. Diese Hilfspersonen haben kein selbständiges Melderecht, sie können nur eine Meldung machen, wenn sie sich von der vorgesetzten Stelle oder der Aufsichtsbehörde vom Berufsgeheimnis entbinden lassen (Art. 314c ZGB).

Meldepflicht bei Erwachsenen

Wer im Zusammenhang mit seiner amtlichen Tätigkeit auf eine hilfsbedürftige erwachsene Person aufmerksam wird, ist meldepflichtig (Art. 443 Abs. 2 ZGB). Er macht sich zwar unter Umständen der Amtsgeheimnisverletzung schuldig, handelt aber rechtmässig (Art. 14 StGB). Zu denken ist an Lehrpersonen, Mitglieder der Schulpflege und der Gemeindebehörden, Sozialarbeiterinnen in öffentlichen Sozialdiensten, Mitarbeiter in Betreibungsämtern, Spitex-Angestellte, Polizisten etc.

Wer hingegen einem Berufsgeheimnis untersteht, muss sich zuerst davon entbinden lassen (Art. 321 Ziff. 2 StGB), bevor er an die Kesb gelangt. Dies betrifft insbesondere Amtsärzte, Ärztinnen in Kantonsspitälern, Schulpsychologen.

Meldepflicht bei Kindern

Im Rahmen des Kindesschutzes wurden die Meldepflichten 2019 verschärft: Neu sind nicht nur Personen in amtlicher Tätigkeit wie Lehrerinnen, Schulsozialarbeiter, Behördenmitglieder meldepflichtig, sondern auch Fachpersonen aus den Bereichen Medizin, Psychologie, Pflege, Betreuung, Erziehung, Bildung, Sozialberatung, Religion und Sport, die beruflich regelmässig Kontakt zu Kindern haben. Diese Personen müssen an die Kesb gelangen, wenn konkrete Hinweise dafür bestehen, dass die körperliche, psychische oder sexuelle Integrität eines Kindes gefährdet ist, und sie der Gefährdung nicht im Rahmen ihrer Tätigkeit Abhilfe schaffen können. Die Meldepflicht wird aber auch erfüllt, wenn jemand an seinen Vorgesetzten gelangt (Art. 314d ZGB).

INFO *Sowohl bei Kindern als auch bei Erwachsenen können die Kantone weitere Meldepflichten vorsehen. Was immer gilt: Wird die Meldung mit böser Absicht gemacht, kann dies ehrverletzend sein (Art. 173 ff. StGB).*

KURZÜBERBLICK MELDEPFLICHT UND MELDERECHT

- Im Erwachsenenschutz besteht nur in amtlicher Tätigkeit eine Meldepflicht; im Kindesschutz sind neben Personen in amtlicher Tätigkeit auch Fachpersonen mit beruflichem Kontakt zu Kindern meldepflichtig.
- Personen, die einem Berufsgeheimnis unterstehen, haben im Kindesschutz ein Melderecht; im Erwachsenenschutz müssen sie sich zuerst vom Berufsgeheimnis entbinden lassen.

Darauf sollten Sie bei einer Gefährdungsmeldung achten

Es gibt keine offiziellen Vorgaben, wie Gefährdungsmeldungen formuliert sein müssen. Doch viele Kesb-Stellen haben auf ihren Websites Formulare aufgeschaltet, die man zum Teil einfach ausfüllen kann. Diese Formulare sind sehr hilfreich – ein Beispiel finden Sie im Anhang.

Wenn Sie eine Meldung machen wollen, müssen Sie nicht beweisen, dass jemand tatsächlich gefährdet ist. Es reicht, wenn dies Ihres Erachtens der Fall ist. Abzuklären, ob tatsächlich eine Gefährdung besteht, ist dann Sache der Kesb.

Korrekt formulieren

Auf keinen Fall sollten Sie die Gefährdungsmeldung so formulieren wie kürzlich ein Vermieter: Er machte sich berechtigte Sorgen um eine seiner Mieterinnen und schrieb der Kesb, die Frau sei in einem «psychisch so desolaten Zustand, dass sie sich und eventuell ihrem Kind ein Leid antun könnte». Sie reagiere «hysterisch» und «schizoid». Als die Mieterin ihm sagte, dass sie eventuell ins Ausland ziehe, vermutete er eine Kindsentführung und teilte auch dies der Kesb mit. Dieser Vermieter wurde schliesslich wegen übler Nachrede verurteilt.

Wie soll man also an die Kesb gelangen, ohne das Risiko einzugehen, angezeigt zu werden? Am besten stellen Sie keine Diagnosen, machen keine Zuschreibungen, sondern drücken sich bloss in der Möglichkeitsform aus. Noch besser ist, wenn Sie das Verhalten einer Person und Ihre Beobachtungen sachlich beschreiben (siehe Beispiel im Anhang).

INFO *Die Betroffenen haben ein Akteneinsichtsrecht und erfahren in der Regel, wer die Meldung gemacht hat und wie sie formuliert war – das ist ein von der Bundesverfassung geschütztes Grundrecht. Man kann aber gegenüber der Kesb begründen, weshalb man wünscht, dass der Betroffene von der Meldung nichts erfährt.*

FAKTEN CHECK

MIT DER GEFÄHRDUNGSMELDUNG AUS DEM VERKEHR GEZOGEN?

«Eine Gefährdungsmeldung genügt, damit die Kesb über den Aufenthaltsort, das Vermögen und sogar über ein Familienunternehmen verfügen darf. Mit einer Gefährdungsmeldung kann man jemanden aus dem Verkehr ziehen.»

Der Check: Eine Gefährdungsmeldung setzt zunächst einmal nur ein Verfahren in Gang. Der Melder, die Melderin kann nicht entscheiden, was darauf folgt. Eine Meldung in böser Absicht und ohne ausreichenden Grund kann sogar strafrechtlich relevant sein und somit ein Fall fürs Gericht werden.

Die Kesb darf eine Massnahme nur anordnen, wenn die Unterstützung der hilfsbedürftigen Person durch deren Familie, andere nahestehende Personen, private oder öffentliche Dienste nicht ausreicht oder von vornherein als ungenügend erscheint. Für urteilsunfähige Personen darf die Kesb nur dann eine Massnahme anordnen, wenn keine ausreichende Vorsorge getroffen wurde – beispielsweise mit einem Vorsorgeauftrag (siehe Seite 56). Mit einer Gefährdungsmeldung zieht man niemanden aus dem Verkehr.

Anonyme Meldungen

Eine Meldung kann auch anonym gemacht werden. Davon ist aber in aller Regel abzuraten. Eine anonyme Meldung ist unfair gegenüber der betroffenen Person und erschwert die Arbeit der Kesb. Hand aufs Herz: Zeugt eine anonyme Meldung nicht von fehlender Zivilcourage? Wenn Sie sich berechtigte Sorgen um jemanden machen und selber keine Abhilfe schaffen können, brauchen Sie dies vor niemandem zu verheimlichen.

Selber an die Kesb gelangen

Viel häufiger, als man meint, melden sich Erwachsene selber auf der Kesb, weil sie nicht mehr weiterwissen. Es kann sein, dass Eltern mit ihren Kindern Probleme haben und deshalb bei einer Kesb anrufen. Es gibt auch Fälle, in denen sich ein Kind von sich aus meldet, weil es Probleme mit den Eltern, der Schule oder mit seinem Umfeld hat. Sehr häufig ist dies jedoch nicht. Kinder, die unter ihrer Situation leiden, verstummen und rufen selten um Hilfe. Und viele Eltern, die handeln sollten, handeln nicht, weil sie dazu gar nicht in der Lage sind oder ihre Probleme allein lösen wollen. Klar ist: Wenn jemand merkt, dass er oder sie zur Lösung eines Problems auf Hilfe angewiesen ist, und sich bei der Kesb meldet, ist dies nicht etwa eine Schwäche, sondern zeugt von Stärke.

TIPP *Es gibt keine Formvorschriften, wie man selber an die Kesb gelangt. Sie können anrufen oder einen Brief schreiben, ganz wie Sie wollen (Muster im Anhang). Weniger empfehlenswert ist es, einfach vorbeizugehen. Vereinbaren Sie telefonisch einen Besprechungstermin oder bitten Sie in einem Brief um einen Termin bei der Kesb.*

Die Kesb wird aktiv – das Verfahren

Die Kesb wird aktiv, wenn sie Kenntnis von einem Fall erhält, der in ihr Aufgabengebiet fällt. Aktiv werden heisst, dass die Kesb ein Verfahren eröffnet. Sie trifft von Amtes wegen alle Abklärungen, die zur Feststellung des Sachverhalts und zur Prüfung der gesetzlichen Voraussetzungen erforderlich sind. Am Schluss des Verfahrens trifft sie einen Entscheid.

Für jedes Verfahren ist ein Kesb-Mitglied zuständig, ein Entscheid wird aber stets von drei Kesb-Mitgliedern gemeinsam gefällt. Ziel ist es immer, mit den Betroffenen einvernehmliche Lösungen zu finden. Praktisch jedes Verfahren lässt sich in folgende Schritte unterteilen:

- Zuerst wird das Verfahren eingeleitet.
- Dann kommt die Abklärungsphase.
- Darauf folgt das rechtliche Gehör.
- Schliesslich entscheidet die Kesb und verschickt eine Verfügung.
- Ist man damit nicht einverstanden, kann man Beschwerde einreichen (siehe Seite 48). Wenn man dies nicht tut, wird der Entscheid umgesetzt.

Wie die Kesb aktiv werden muss, ist im ZGB geregelt: Das Gesetz regelt, wie die Kesb prüfen muss, welche Rechte die Betroffenen haben und wie die Angehörigen einbezogen werden können. Um ein Verfahren zu eröffnen, muss sich die Kesb an die gesetzlichen Verfahrensgrundsätze halten.

INFO *Wichtig zu wissen: Ein Verfahren bei der Kesb darf nicht mit einem Gerichtsverfahren verwechselt werden: Im Kindes- und Erwachsenenschutz geht es nie darum, ob jemand etwas falsch gemacht hat und welche Konsequenzen ein allfälliges Vergehen hat. Die Kesb fällt keine Urteile wie ein Strafgericht. Es geht nur darum, ob jemand Hilfe und Unterstützung braucht.*

Die Kesb klärt ab

Im Lauf der Abklärung prüft die Kesb, ob tatsächlich eine Gefährdung vorliegt und ob eine Massnahme notwendig ist. Möglich ist, dass der Melder oder die Antragstellerin die Situation falsch eingeschätzt hat. So oder so: Die Kesb muss sich alle Informationen beschaffen, die sie braucht, um einen Entscheid zu treffen.

Manchmal geht es auch darum, ob eine bestehende Massnahme abgeändert, also verstärkt oder abgeschwächt werden muss. Oder ob sie ganz aufgehoben werden kann. Auch dann muss die Kesb die aktuellen Verhältnisse sorgfältig abklären.

Häufig klärt die Kesb selber ab, ob jemand Schutz und Unterstützung braucht und wie diese Hilfe aussehen soll. Sie kann aber «nötigenfalls» – wie es in Artikel 446 ZGB heisst – auch ein Gutachten einer sachverständigen Person einholen (im Verfahren vor der gerichtlichen Beschwerdeinstanz bei einer fürsorgerischen Unterbringung ist ein Gutachten zwingend). Der Gutachter, die Gutachterin muss Profi sein: Je nach Situation muss er oder sie pädagogisches, psychologisches, medizinisches oder psychiatrisches Fachwissen haben (siehe auch Seite 107). Für den Auftrag braucht es eine Verfügung an die begutachtende Stelle und an die betroffene Person.

Nötig kann ein Gutachten sein, wenn kein Mitglied der Kesb über genügend Kenntnisse in einer bestimmten Angelegenheit verfügt – beispielsweise wenn die Beurteilung eines Schwächezustands (siehe Seite 120) oder die Beurteilung einer Gefährdung des Kindeswohls (siehe Seite 82) spezifisches Fachwissen erfordert. Ebenso kann die Kesb in strittigen und komplizierten Fällen ein Gutachten anordnen, wenn der Sachverhalt nicht anders erforscht werden kann.

Betroffene werden einbezogen

Für die Abklärungen meldet sich ein Mitarbeiter oder eine Mitarbeiterin der Kesb oder jemand von der abklärenden Stelle bei dem oder der Betroffenen. Beim anschliessenden Gespräch wird thematisiert, was die Kesb weiss und wie die betroffene Person die Situation selber sieht. Es soll herausgefunden werden, ob sie tatsächlich Unterstützung braucht.

Wichtig ist dabei, dass die betroffene Person über die Überlegungen der Kesb und die ins Auge gefassten Massnahmen informiert wird, damit sie ihre Meinung sagen und selber Vorschläge machen kann. Sie kann sich dabei von Verwandten, Freunden oder Bekannten begleiten lassen.

Vertretung für die betroffene Person

Jedermann hat in einem laufenden Verfahren das Recht auf jemanden, der ihn oder sie vertritt. Was aber gilt, wenn die betroffene Person gar nicht in der Lage ist, einen Anwalt einzuschalten, weil sie ihre Interessen nicht wahrnehmen kann oder gar urteilsunfähig ist? In diesen Fällen wird die Kesb eine Vertretung anordnen: Es wird ein Verfahrensbeistand eingesetzt. Wenn die betroffene Person schon verbeiständet und ihre Vertretung bereits geregelt ist, muss die Kesb prüfen, ob es sich bei diesem Vertreter um eine «in fürsorgerischen und rechtlichen Fragen erfahrene Person» handelt – denn dies muss sie laut Artikel 449a ZGB sein.

Auch ein Kind hat dieses Recht, wenn Kindesschutzmassnahmen geprüft werden: Wenn die Anhörung des Kindes nicht ausreicht, dass seine Wünsche, Befürchtungen und Ideen gehört werden, ist eine Kindesvertretung angezeigt (zur Anhörung siehe Seite 42). Das Gericht oder die Kesb können dies anordnen. Oft spricht man in diesem Fall auch vom «Kinderanwalt», von der «Kinderanwältin». Eine solche Kinderanwältin ist vor allem dann nötig, wenn sich die Eltern um die Kinderbelange streiten, etwa um die Zuteilung der elterlichen Sorge, die Obhut, das Besuchsrecht oder den Unterhalt. Die Kinderanwältin vertritt das Kind, nicht einen Elternteil und schon gar nicht die Kesb oder das Gericht. Sie kann deshalb unabhängig von den Wünschen und Vorstellungen der Eltern Anträge stellen und Rechtsmittel ergreifen. Geregelt ist dies in Artikel 314a^{bis} ZGB.

Rechtliches Gehör und Anhörung

Zum Schluss der Abklärungen muss die Kesb entscheiden, ob die betroffene Person tatsächlich Unterstützung braucht. Wenn Handlungsbedarf besteht, muss die Kesb wissen, welche Art von Unterstützung passen könnte, wer unterstützen könnte – und auch, was die betroffene Person selber zum Ganzen sagt. Deshalb wird die betroffene Person zu einem weiteren Gespräch eingeladen. Auf Juristendeutsch nennt man ein solches

Gespräch «Anhörung». Ein Mitarbeiter, eine Mitarbeiterin der Kesb erklärt während dieser Anhörung, was die Abklärungen ergeben haben und welche Massnahmen vorgesehen sind. Die betroffene Person kann sich zu diesen Ergebnissen äussern und Lösungs- oder Änderungsvorschläge einbringen.

Betroffene können auch sämtliche Unterlagen einsehen: Dies ist die sogenannte Akteneinsicht. Nur so kann man Aussagen in den Akten berichtigen oder ergänzen. Ist jemand im Moment des Gesprächs nicht in der Lage, sich zu äussern, kann er oder sie innert nützlicher Frist eine schriftliche Stellungnahme einreichen. All dies steckt hinter dem Begriff «rechtliches Gehör».

AUS DER BEOBACHTERPRAXIS

Wer hat Akteneinsichtsrecht bei der Kesb?
«Meine Ex-Frau verweigert mir das Besuchsrecht bei unseren Kindern. Nun läuft ein Verfahren bei der Kesb. Darf ich die Akten zu unserem Streit einsehen?»

Ja, das dürfen Sie. Einsicht in die Akten gehört zum sogenannten Recht auf Anhörung und ist in der Verfassung vorgeschrieben. Sie können die Akten in den Räumlichkeiten der Behörde einsehen. Dabei dürfen Sie Notizen machen, die Dokumente fotografieren oder auf Ihre Kosten Kopien erstellen lassen.

Allgemein gilt: Alle am Verfahren beteiligten Personen haben ein Recht auf Akteneinsicht bei der Kesb, namentlich die betroffenen Kinder, die mit dem Fall beauftragten Anwälte und Anwältinnen und die Sorgeberechtigten. Im Ausnahmefall können auch nahestehende Personen oder Dritte das Einsichtsrecht erhalten, wenn sie ein rechtlich geschütztes Interesse am Entscheid der Behörde nachweisen können.

Allerdings: Das Akteneinsichtsrecht kann eingeschränkt oder gar verweigert werden, wenn ihm überwiegende Interessen entgegenstehen. Als solche gelten eine laufende Untersuchung, überwiegende private Geheimhaltungsinteressen (Persönlichkeitsrechte von Verfahrensbeteiligten und Dritten sowie Geschäfts-, Bank- und Berufsgeheimnisse) oder der Schutz von Zeugen und privaten Informationsquellen.

Grundsätzlich soll die Akteneinsicht aber höchstens eingeschränkt und nicht ganz verweigert werden. Die einsichtsberechtigten Personen sollten mündlich oder schriftlich über den wesentlichen Inhalt eines Dokuments informiert werden, das nicht oder nur eingeschränkt offengelegt wird. Die Behörde kann wenn nötig Informationen abdecken.

Ausnahmsweise kann die Anwältin der betroffenen Person Einsicht auch in eigentlich nicht freigegebene Akten erhalten – sie wird dann verpflichtet, die Information nicht weiterzugeben. Wenn das Akteneinsichtsrecht abgelehnt oder eingeschränkt wird, kann man diesen Entscheid mit einer Beschwerde anfechten.

Wichtig: Wer eine Gefährdungsmeldung gemacht hat, hat nur dann ein Akteneinsichtsrecht, wenn er auch am Verfahren beteiligt ist.

Anhörung von Kindern

Jeder Erwachsene kann sich an Situationen in seiner Kindheit erinnern, in denen Entscheide über seinen Kopf hinweg getroffen wurden. Man wurde weder gefragt noch in den Entscheid einbezogen. Das war immer mit einem unguten Gefühl verbunden. Oft ist ein solches Erlebnis sogar eine traumatische Erfahrung geblieben. Im Verfahren vor der Kesb soll dies den Kindern erspart bleiben: Mit einer eigenen Anhörung wird ihnen Gehör verschafft.

Kinder sind zu allen Fragen und Themen anzuhören, wenn ihre Interessen direkt betroffen sind (siehe Glossar, «Kinderrechte»). Während einer Anhörung soll einerseits die Kesb sich ein Bild von den Wünschen, Befürchtungen und Bedürfnissen des Kindes machen können, anderseits soll das Kind seine Wünsche und Bedürfnisse selber mitteilen können. Selbstverständlich soll die Anhörung ohne Eltern stattfinden, sonst könnte ein Kind befangen sein.

INFO *Die meisten Kesb-Mitarbeiter und -Mitarbeiterinnen sind für die Anhörung von Kindern geschult. Es versteht sich von selbst, dass ein Kind nicht mit Suggestivfragen wie: «Meinst du nicht auch, dass ...», oder: «Du willst doch sicher, dass ...», in die Enge getrieben wird. Die Anhörung eines Kindes ist daher vor allem ein Gedankenaustausch und nicht eine formelle Befragung.*

Gemäss einer Richtlinie des Bundesgerichts sind Kinder grundsätzlich ab dem sechsten Geburtstag anzuhören. In diesem Alter sind sie durchaus in der Lage, ihre Gefühle differenziert wahrzunehmen und auszudrücken.

Wenn ein Kind eine Anhörung verweigert, muss dies von der Kesb respektiert werden. Die Behörde muss jedoch prüfen, ob der Verzicht wirklich dem Willen des Kindes entspricht und nicht etwa unter Beeinflussung zustande gekommen ist.

AUS DER BEOBACHTERPRAXIS

Anhörung von Kindern bei der Kesb?
«Mein Sohn, 12, hat einen Beistand. Ich beantrage, diesen zu wechseln. Die Kesb hat mir eine E-Mail geschickt, man hole mein Kind morgen von der Schule ab, um es anzuhören. Darf sie das?»

Grundsätzlich müssen Kinder ab sechs Jahren zu allen Belangen angehört werden, die ihre Interessen betreffen. Etwa bei einer Scheidung oder eben auch, wenn sie einen anderen Beistand erhalten sollen. Dadurch soll sich die Behörde ein Bild von den Wünschen und Bedürfnissen des Kindes machen können – das Kind soll sie der Behörde selber mitteilen können.

In Ihrem Fall ist die Kesb nicht ideal vorgegangen. Eine Einladung zur Anhörung sollte immer auch schriftlich an das Kind persönlich gehen, altersgerecht formuliert und wenn möglich frühzeitig. Die Dauer der Anhörung, Sinn, Zweck und Ablauf sollten in dieser Mitteilung genannt werden.

Fachleute empfehlen, dass die Anhörung in den Räumen der Behörde stattfindet. Denn im persönlichen Umfeld erlebt sie das Kind oft als Eindringen in die Privatsphäre. Viele Kinder fühlen sich dort zudem nicht genügend frei, offen zu sprechen. Versuchen Sie doch, mit der Kesb ein anderes Vorgehen zu vereinbaren.

Keine Angst vor dem Gespräch bei der Kesb

Wird man von einer Behörde zum Gespräch eingeladen, sind die meisten vorher nervös. Was wollen die von mir? Was, wenn man falsche Schlüsse zieht, weil ich mich nicht so gut ausdrücken kann?

CHECKLISTE: 10 PUNKTE FÜR EIN GUTES GESPRÄCH

1. Lassen Sie Ihr Gegenüber ausreden und hören Sie gut zu. Sollten Sie das Gefühl haben, dass Sie selber nicht zu Wort kommen, sprechen Sie dies an.
2. Achten Sie darauf, was Sie gerade fühlen und denken. Wenn Sie wütend sind, reagiert Ihr Gegenüber anders, als wenn Sie entspannt und locker sind. Ihre Gefühle beeinflussen, was Sie sagen, was Sie tun und wie Sie es tun. Ihre Gefühle beeinflussen auch die Art, wie Sie Äusserungen Ihres Gegenübers wahrnehmen und wie Sie diese interpretieren.
3. Sprechen Sie ungute Gefühle ungeniert an. Schlucken Sie Ärger und Enttäuschung nicht einfach hinunter. Sonst besteht die Gefahr, dass die aufgestauten Gefühle bei einem geringen Anlass ungewollt und unbeherrscht hervorbrechen – der berühmte Tropfen, der das Fass zum Überlaufen bringt. Und das führt zu unnötigen Konflikten.
4. Wenn Sie verletzt oder gekränkt sind, kann es nützlich sein, dies offen zu sagen.
5. Vermeiden Sie Verallgemeinerungen wie «Man sollte» oder «Jeder sollte». Es ist besser, wenn Sie von sich selbst sprechen. Sagen Sie zum Beispiel «Ich möchte», «Ich wünsche», «Mir ist wichtig».
6. Bleiben Sie sachlich, wenn Sie mit dem Gehörten nicht einverstanden sind. Drohen Sie weder mit den Medien noch mit sonst etwas. Fragen Sie stattdessen nach, warum Ihr Gegenüber die Dinge anders sieht als Sie. Fragen Sie nach weiteren Lösungsmöglichkeiten und machen Sie selber Vorschläge.
7. Unterstellen Sie dem Gegenüber keine bösen Absichten, die vielleicht gar nicht vorhanden sind. Vermeiden Sie Sätze wie «Das machen Sie sicher nur, um …» oder «Sie wollen bloss nicht, dass …».
8. Seien Sie bereit, Vorschläge gedanklich zu überprüfen. Sie dürfen um Bedenkzeit bitten, wenn Sie etwas in Ruhe überlegen möchten.
9. Vergessen Sie nicht, von sich aus Dinge anzusprechen, die Sie hilfreich, nützlich und angenehm finden.
10. Versuchen Sie, in Ihrem Gegenüber in erster Linie den Menschen und nicht seine Funktion zu sehen.

Keine Bange, bei der Kesb geht es darum, gemeinsam mit Ihnen die richtige Lösung für Ihre Situation zu finden. Die Kesb arbeitet für und nicht gegen Sie. Gehen Sie daher mit einer positiven Einstellung zum Gespräch. Und denken Sie daran: Ihr Gegenüber ist auch nur ein Mensch. Halten Sie sich an die 10-Punkte-Checkliste im Kasten auf der gegenüberliegenden Seite, sie hat sich bewährt.

Wenns pressiert: vorsorgliche Massnahmen

Die Abklärungsphase kann lange dauern – es müssen zum Beispiel Arztzeugnisse eingeholt, Gutachten erstellt und Gespräche mit Angehörigen geführt werden. Dies alles geht nicht von einem Tag auf den andern. Manchmal sind die Probleme aber so dringend, dass es sofort eine Regelung braucht. Deshalb kann die Kesb schon während der Abklärung sogenannte vorsorgliche Massnahmen anordnen. Dies ist möglich, wenn ohne Massnahme ein Nachteil entstehen würde. Eine vorsorgliche Massnahme gilt bis zum Ende des Verfahrens.

INFO *Gegen Entscheide über vorsorgliche Massnahmen können Sie innert zehn Tagen nach deren Mitteilung Beschwerde erheben (siehe Musterbrief im Anhang).*

Vorsorgliche Massnahmen im Kindesschutz

Im Rahmen von vorsorglichen Massnahmen kann die Kesb bei akuter Gefährdung eines Kindes ohne vorgängige Anhörung der betroffenen Personen Massnahmen beschliessen.

AKUTE GEFÄHRDUNG Nachdem die Kesb eine Kindeswohl-Gefährdungsmeldung erhalten hat, sucht eine Mitarbeiterin mit den Eltern das Gespräch. Dabei wird deutlich, dass sehr schwierige Familienverhältnisse bestehen. In der Folge kündigt die Mitarbeiterin einen Hausbesuch an, um sich ein genaues Bild zu machen. Bei diesem Hausbesuch rasten die Eltern völlig aus, bedrohen die Kesb-Mitarbeiterin und werfen mit Gegenständen um sich – während die offensichtlich vernachlässigten Kinder im Keller eingeschlossen sind. Da die Kesb nun von einer akuten Gefährdungssituation ausgehen muss, entzieht sie den Eltern per sofort die Obhut über die Kinder und platziert diese bei einer Pflegefamilie.

Vorsorgliche Massnahmen im Erwachsenenschutz
Die Kesb kann jede Massnahme des Erwachsenenschutzes vorsorglich anordnen, wenn eine akute Gefährdung besteht. Zum Beispiel, wenn ein psychisch kranker Mensch in einer Manie all sein Vermögen verschenkt. Dann kann ihm die Kesb den Zugriff auf seine Vermögenswerte per sofort entziehen.

Der Entscheid

Nach der Anhörung entscheidet die Kesb, ob Schutz und Unterstützung nötig sind. Was die Kesb beschlossen hat, wird immer in einem schriftlichen Entscheid festgehalten, der auch Verfügung oder Beschluss genannt wird. Mit dem Entscheid, der eine Begründung enthalten muss und einen Hinweis darauf, wo und wie man Beschwerde einreichen kann (Rechtsmittelbelehrung), ist das Verfahren beendet. Es folgt die Umsetzung – oder ein Beschwerdeverfahren (siehe Seite 48).

Gelegentlich behaupten Betroffene, dass sie nie etwas Schriftliches erhalten hätten. Dies ist nicht möglich. Ohne schriftlichen Entscheid gibt es keine Massnahme. Den Entscheid erhält man immer – entweder persönlich in die Hand gedrückt oder mit einem eingeschriebenen Brief zugeschickt. Das Problem an einem Entscheid ist, dass er stets in Rechtssprache abgefasst ist, in einem für Laien oft unverständlichen Juristendeutsch. Das ist zwar ärgerlich, aber nötig: Nur wenn sich der Entscheid auf juristische Grundlagen stützt, kann ein Gericht prüfen, ob er zu Recht oder zu Unrecht gefällt worden ist.

TIPP *Wenn Sie nicht alles verstehen, lassen Sie sich den Entscheid vom Kesb-Mitarbeiter oder von einer Beratungsstelle erklären (Adressen im Anhang). Falsche Hemmungen sind fehl am Platz: Wer ein neues Handy kauft und technisch nicht versiert ist, müht sich auch nicht lange mit der Gebrauchsanleitung ab, sondern lässt es sich vom Verkäufer erklären – und wer kein Medizinstudium absolviert hat, lässt sich eine Diagnose vom Arzt erklären.*

SO SIEHT EIN ENTSCHEID DER KESB AUS

Der Entscheid der Kesb ist in der Regel in drei Teile gegliedert.

- Im ersten Teil sind **allgemeine Angaben** enthalten:
  - Angaben zur Person
  - Betreffzeile, zum Beispiel «Anordnung einer Begleitbeistandschaft»
  - Sachverhalt, zum Beispiel Hinweise auf das Verfahren, Schilderung der vorhandenen Informationen und der Gefährdung
- Im zweiten Teil sind die **Erwägungen der Kesb** aufgeführt:
  - Örtliche und sachliche Zuständigkeit
  - Schlussfolgerungen aus dem Sachverhalt (vorgesehene Massnahmen und Begründung)
  - Allfällige Kosten, zum Beispiel eines Gutachtens
  - Evtl. Entzug der aufschiebenden Wirkung (siehe Seite 49)
- Im dritten Teil ist beschrieben, welche **Entscheide** die Kesb gefällt hat, und es ist angegeben, wie man sich **dagegen wehren** kann:
  - Entscheid als solcher mit Angabe der entsprechenden Gesetzesartikel
  - Bei Beistandschaften: Ernennung des Beistands, der Beiständin und Umschreibung des Auftrags
  - Allfällige Gebühren
  - Rechtsmittelbelehrung: Möglichkeit der Beschwerde, Frist, Adresse der Beschwerdeinstanz
  - Namen der Personen, denen der Entscheid schriftlich eröffnet wird
  - Adressen der Stellen, denen der Entscheid mitgeteilt wird, zum Beispiel Betreibungsamt

TIPP *Es ist wichtig, dass Sie alle Entscheide aufmerksam durchlesen und dann aufbewahren. Wollen Sie später den Antrag stellen, dass ein Entscheid aufgehoben werden soll, müssen Sie genau wissen, was damals entschieden wurde. Auch wenn unklar ist, was die Kompetenzen eines Beistands sind, hilft ein Blick in den Entscheid: Dort ist detailliert aufgelistet, was der Beistand darf.*

Beschwerden gegen Entscheide der Kesb

Wenn Sie nach ausführlichen Überlegungen mit dem Entscheid der Kesb nicht einverstanden sind, können Sie diesen von einem Gericht überprüfen lassen: Sie können Beschwerde erheben. Berechtigt dazu ist die betroffene Person selber oder auch eine ihr nahestehende Person. Beschwerdeberechtigt sind zudem Personen, die ein rechtlich geschütztes Interesse an der Aufhebung oder Änderung des Entscheids haben – eine solche Berechtigung könnte beispielsweise entstehen, wenn die Kesb einem Hausverkauf nicht zustimmt und der Käufer dadurch Geld verliert. Oder wenn eine Beistandschaft angeordnet wird, obwohl ein Treuhänder die Finanzen kompetent erledigt. Diese Personen müssen die Verletzung eigener Rechte geltend machen können (wäre das anders, könnte jedermann, der von einem Entscheid einer Kesb etwas erfährt, Beschwerde einreichen). Geregelt ist das Beschwerderecht in Artikel 450 ff. ZGB.

TIPP *Wenn Sie sich überlegen, gegen einen Entscheid der Kesb Beschwerde einzulegen, empfiehlt sich, mit einer Fachperson abzuklären, ob sich dies auch lohnt (Adressen im Anhang).*

Eine Beschwerde einzulegen, ist nicht allzu schwierig: Man schreibt dazu einen Brief ans Gericht (die richtige Adresse steht immer auf dem Entscheid). Dieser Brief kann von Hand geschrieben werden und erfordert keinen speziellen Schreibstil. Wichtig ist, dass Sie auf den Punkt bringen, womit Sie nicht einverstanden sind. Selbstverständlich können Sie auch einen Anwalt beiziehen.

SO SOLL EINE BESCHWERDE AUSSEHEN

- Eigene Personalien und Adresse
- Angaben, um welchen Entscheid es geht
- Begründung für die Beschwerde: Was will ich? Was will ich nicht? Und warum?
- Datum und Unterschrift
- Kopie des angefochtenen Entscheids
- Allenfalls weitere Beilagen

Muster für Beschwerden finden Sie im Anhang.

ACHTUNG *Sie müssen unbedingt die Frist beachten (diese steht auch auf dem Entscheid). Für Beschwerden gegen einen Kesb-Entscheid beträgt sie 30 Tage seit Mitteilung des Entscheids, bei einer fürsorgerischen Unterbringung sind es lediglich 10 Tage.*

Ein Beschwerdeverfahren kann lange dauern. Die Kesb kann deshalb anordnen, dass ihr Entscheid bereits umgesetzt wird, bis der definitive Entscheid des Gerichts vorliegt. Man nennt dies den «Entzug der aufschiebenden Wirkung».

Die Kosten des Verfahrens

Das Verfahren vor der Kesb ist in einigen Kantonen kostenfrei; für bestimmte Verrichtungen und Verfügungen werden jedoch Gebühren erhoben. In anderen Kantonen betragen die Gebühren zwischen 200 und 10 000 Franken. In besonderen Fällen können sie verdoppelt werden oder es kann auf die Erhebung von Gebühren verzichtet werden. So lässt sich nicht allgemein sagen, was ein Verfahren kostet. Sagen lässt sich aber, dass sich die Kosten danach bemessen, wie aufwendig das Verfahren ist. Ebenso lässt sich sagen, dass die Kosten von der öffentlichen Hand – und nicht etwa von Verwandten – übernommen werden, wenn man selber wenig oder kein Geld hat. Was ein Verfahren kostet, kann die Kesb nicht willkürlich entscheiden. Sie muss sich auch hier auf gesetzliche Regelungen stützen. Auskünfte über die Kosten erhält man direkt bei der Kesb.

Gelegentlich wird Kritik laut, dass die Vormundschaftsbehörden billiger oder gar gratis gearbeitet hätten. Dies ist möglich. Aber es gab schon früher Gebührenverordnungen. Gerade Laienbehörden wussten dies jedoch oft nicht.

FAKTEN CHECK

ARBEITET DIE KESB WILLKÜRLICH?

«Die Kesb mischt sich ungefragt in familiäre Angelegenheiten ein und entscheidet willkürlich!»

Der Check: Glaubt man den Social Media, Boulevardjournalisten und einigen Politikerinnen und Politikern, bekommt man tatsächlich den Eindruck, dass die Kesb im Morgengrauen oder beim Eindunkeln graue Gestalten losschickt, die um die Häuser schleichen, in fremden Angelegenheiten herumschnüffeln und Kinder in düstere Heime stecken. Dem ist nicht so: Bei der Kesb arbeiten Menschen, nicht Agenten eines Geheimdienstes. Die Kesb schaltet sich meist erst nach einer Gefährdungsmeldung (siehe Seite 32) ein und hat sich an das Gesetz zu halten. Sie tut dies unter Wahrung des Subsidiaritätsprinzips. Das heisst, nur wenn niemand anders zuständig ist und niemand anders ein bestehendes Problem beheben kann, wird die Kesb aktiv. Subsidiarität heisst weiter, dass nur dann, wenn die Möglichkeiten des Einzelnen bzw. einer Gruppe nicht ausreichen, staatliche Institutionen eingreifen sollen. Alles andere wäre willkürlich. Und schliesslich muss jedes Einschreiten verhältnismässig sein.

Unentgeltliche Rechtspflege

Niemand soll auf die Durchsetzung seiner berechtigten Ansprüche verzichten müssen, nur weil die finanziellen Mittel fehlen. Deshalb gibt es die unentgeltliche Rechtspflege. Die Kosten eines Verfahrens werden übernommen, wenn folgende Voraussetzungen erfüllt sind:

- Das, was man im Gerichtsverfahren verlangt, darf nicht aussichtslos sein.
- Man muss bedürftig sein, das heisst: knapp über oder mit dem Existenzminimum leben. Oder anders gesagt: Man hat nur gerade genug Geld, dass man für sich und die Familie aufkommen kann.
- Auch die Anwaltskosten werden von der Staatskasse übernommen, wenn diese beiden Voraussetzungen zutreffen und wenn man ohne anwaltliche Unterstützung nicht in der Lage wäre, die zu klärenden Fragen dem Gericht angemessen darzulegen. Die Hürden sind aber sehr hoch. Anwaltskosten werden nur bezahlt, wenn das Verfahren so kompliziert ist, dass es zwingend einen Anwalt braucht. Gerichte sind häufig der Ansicht, ein Anwalt sei nicht notwendig.

Unentgeltliche Rechtspflege bedeutet nicht, dass die Kosten auf ewig erlassen sind. Kommt jemand innerhalb von zehn Jahren seit dem Verfahren zu Vermögen, kann der Staat das vorgeschossene Geld zurückverlangen.

Ob dies der Fall ist, wird regelmässig überprüft. Nach zehn Jahren ist die Sache jedoch verjährt.

Das Gesuch um unentgeltliche Rechtspflege müssen Sie beim Gericht oder bei der zuständigen Behörde einreichen. In den meisten Kantonen gibt es bei den Gerichten detaillierte Formulare, die vollständig und – insbesondere was die Finanzen betrifft – wahrheitsgetreu ausgefüllt werden müssen.

INFO *Eine rein beratende Tätigkeit des Anwalts oder eine aussergerichtliche Vermittlung fallen nicht unter die unentgeltliche Rechtspflege. Und: Die Kosten des Gegenanwalts werden nicht übernommen. Wer den Prozess verliert, muss diese immer bezahlen.*

«Das Wichtigste ist das Zwischenmenschliche»

Daniela Clément, Jahrgang 1984, Behördenmitglied der Kesb Seeland

Schon als Kind interessierte mich die Frage von Recht und Unrecht. Mein Ziel war es, dereinst mit meiner Arbeit Menschen helfen und zur Gerechtigkeit beitragen zu können. Mit diesem Fokus studierte ich Rechtswissenschaften. Nach meinem ersten Praktikum beim Regierungsstatthalteramt war klar, dass ich mich im Kindes- und Erwachsenenschutz engagieren wollte. So ging mein Weg weiter, und ich wurde schliesslich als Behördenmitglied der Kesb Seeland gewählt – der Region, die ein Teil meiner Heimat ist und der ich mich sehr verbunden fühle.

Seit dem ersten Tag des Kesb-Zeitalters bin ich in dieser Funktion tätig und habe schon einiges erlebt. Die Kesb nahm ihre Arbeit am 1. Januar 2013 auf und alles war neu. Zwar hatten die Präsidien im Kanton Bern bereits im Verlauf des Jahres 2012 einige Grundlagen geschaffen, mit denen die Kesb in ihrer Anfangszeit arbeiten konnte. Doch in den ersten Jahren steckten wir – wie der damalige Präsident der Kesb Bern zu sagen pflegte – nicht nur in den Kinderschuhen, sondern noch in Windeln. Viel spannende, anspruchsvolle Aufbauarbeit lag vor uns. Es war aber auch eine Zeit mit vielen negativen Schlagzeilen, der Gegenwind war deutlich spürbar. In direkten Gesprächen merkte ich oft, dass dies von Missverständnissen und falschen Informationen herrührte.

Die erste Aufbauphase ist vorbei, und, um beim Bild zu bleiben, die Kesb ist mittlerweile aus den Windeln herausgewachsen. Es gibt aber weiterhin viel zu tun. Insbesondere bemühen wir uns intensiv um den Kontakt mit der Öffentlichkeit: Wir wollen die Vorurteile abbauen, die in der Presse und in der Bevölkerung bedauerlicherweise – und aus meiner Sicht oft zu Unrecht – entstanden sind.

Zentral für unsere Arbeit ist, dass wir den betroffenen Personen wenn immer möglich in persönlichen Gesprächen Gehör verschaffen und dass wir sie umfassend über die Gründe und die Bedeutung der Kesb-Entscheide aufklären. Dabei ist sehr wichtig, dass die Kesb sich verständlich ausdrückt. Es gibt viele Bestrebungen in dieser Hinsicht. So hat die Kesb des Kantons Bern Broschüren herausgegeben, die in leicht verständlicher Sprache über den Kindes- und Erwachsenenschutz informieren. Ich selber arbeite an einem Grossprojekt mit, in dem wir für den ganzen Kanton Vorlagen für Schriftstücke und Entscheide erarbeiten, die für Laien besser verständlich sind. In meiner Arbeit erlebe ich immer wieder deutlich das Spannungsfeld zwischen juristisch korrekter Ausdrucksweise und dem in den allermeisten Fällen viel wichtigeren Anspruch, dass die Betroffenen verstehen, was die Kesb entscheidet und auf welche Grundlagen sie sich stützt. Der zwischenmenschliche Aspekt ist in unserer Tätigkeit von zentraler Wichtigkeit – und gerade dies macht die Arbeit auch so interessant.

Es braucht viel Engagement von sämtlichen Mitarbeitenden der Kesb und insbesondere von uns Behördenmitgliedern. Aufgeben kommt nicht infrage – auch für mich nicht. Viel zu wichtig ist mir, was ich in meiner Arbeit für Menschen, die Unterstützung oder Schutz brauchen, bewirken kann. Dafür engagiere ich mich seit vielen Jahren mit ganzem Herzen.

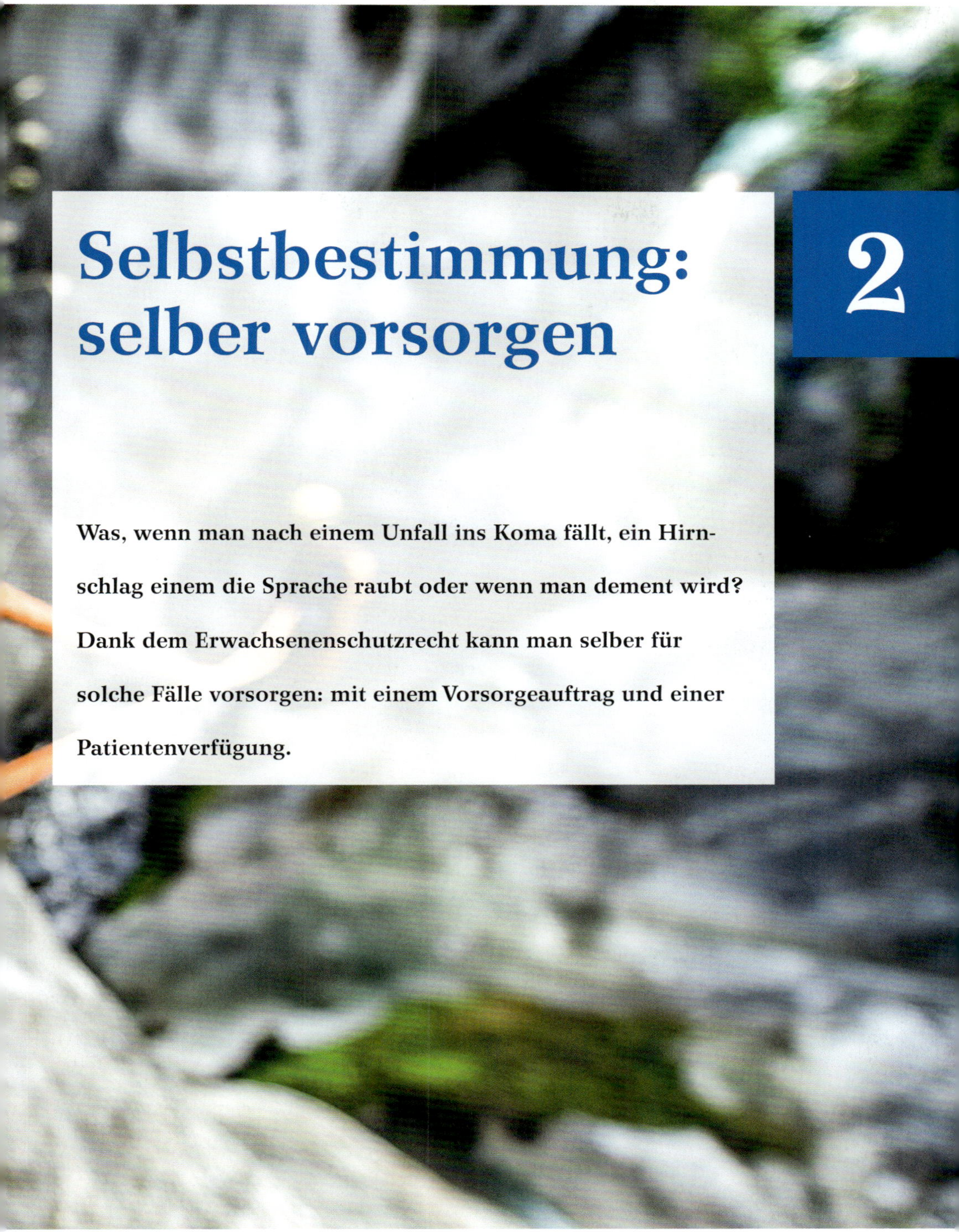

2

Selbstbestimmung: selber vorsorgen

Was, wenn man nach einem Unfall ins Koma fällt, ein Hirnschlag einem die Sprache raubt oder wenn man dement wird? Dank dem Erwachsenenschutzrecht kann man selber für solche Fälle vorsorgen: mit einem Vorsorgeauftrag und einer Patientenverfügung.

Der Vorsorgeauftrag: Ohne Kesb geht nichts

Frei ist nur, wer seine Freiheit gebraucht, heisst es in der Präambel unserer Bundesverfassung. Ein erwachsener Mensch entscheidet vom frühen Morgen bis zum späten Abend, was ihm guttut, was ihm eher schadet, was er will und was ihm nicht passt. Bis Ende 2012 war es aber vorbei mit dieser Selbstbestimmung, sobald jemand urteilsunfähig wurde. Seit 2013 das Kindes- und Erwachsenenschutzgesetz eingeführt wurde, ist das anders.

Mit etwas Aufwand kann man sich das Selbstbestimmungsrecht auch für den Fall der Urteilsunfähigkeit bewahren. Allzu kompliziert ist das nicht, höchstens zeitintensiv. In einem Vorsorgeauftrag können Sie im Voraus bestimmen, was zu tun oder zu unterlassen ist, falls Sie beispielsweise wegen eines Unfalls oder einer Demenz nicht mehr selber entscheiden können. Wichtig ist, dass Sie sich vorab gut informieren und wissen, was die Rolle der Kesb beim Vorsorgeauftrag ist.

Was ist ein Vorsorgeauftrag?

Das Testament ist der letzte Wille, der Vorsorgeauftrag kann als zweitletzter Wille bezeichnet werden: Das Erwachsenenschutzrecht ermöglicht, dass wir Verwandte, Bekannte (natürliche Personen) oder Institutionen (juristische Personen) bestimmen, die für uns handeln und entscheiden dürfen, falls wir selbst dazu nicht mehr in der Lage sein sollten. Drei Lebensbereiche können geregelt werden:

- **Personensorge:** Dabei geht es um das persönliche Wohl, um Entscheidungen über medizinische Massnahmen und Pflege sowie über Hilfe im Alltag. Die Person, die den Vorsorgeauftrag verfasst, kann jemandem das Recht einräumen, pflegerischen oder medizinischen Massnahmen zuzustimmen oder diese zu verweigern. Dasselbe ist auch in einer Patientenverfügung möglich (siehe Seite 72).

- **Vermögenssorge:** Sie umfasst die Verwaltung von Einkommen und Vermögen inklusive aller Abwicklungen des Zahlungsverkehrs. Festgelegt werden kann, wie das Geld verwaltet werden soll. Man kann auch Anordnungen treffen, wie die Vermögensverwaltung zu handhaben ist, oder einzelne Vorkehrungen verbieten. Ebenso kann man bestimmen, ob Liegenschaften vermietet oder verkauft werden dürfen.
- **Vertretung in rechtlichen Angelegenheiten:** Eine juristische oder natürliche Person kann als Vertretung im Rechtsverkehr bestimmt werden, damit sie Verträge abschliessen oder kündigen kann.

INFO *In einem Vorsorgeauftrag wird geregelt, was zu Lebzeiten gelten soll. Aus diesem Grund enden die Aufgaben des oder der Vorsorgebeauftragten grundsätzlich mit dem Tod der auftraggebenden Person.*

FAKTEN CHECK

BRAUCHEN KINDER EINEN VORSORGEAUFTRAG?

«Jede einzelne Person in diesem Land braucht heute einen Vorsorgeauftrag, von der Urgrossmutter bis zum Kleinkind.»

Der Check: Niemand braucht zwingend einen Vorsorgeauftrag. Wer aber aus freiem Willen einen errichten will, muss handlungsfähig sein: Man muss also über 18 Jahre alt und urteilsfähig sein. Kleinkinder sind dies definitiv nicht.

Wie schreibt man einen Vorsorgeauftrag?

Wenn Sie einen Vorsorgeauftrag schreiben möchten, müssen Sie handlungsfähig sein (siehe Glossar). Und was beim Testament gilt, gilt auch bei einem Vorsorgeauftrag: Es gibt strenge Formvorschriften. Wenn Sie sich nicht an diese halten, wird die Kesb Ihren Vorsorgeauftrag nicht akzeptieren dürfen. Der Gesetzgeber war der Ansicht, dass die Regelung der Personensorge, des Rechtsverkehrs und der Vermögensverwaltung zu wichtig sei, als dass man sie auf einem vorgefertigten Formular festhalten oder am PC schreiben könne. Gut möglich, dass der Gesetzgeber damit übers Ziel hinausgeschossen ist. Aber es ist nun mal geltendes Recht, an das sich alle halten müssen: Auftraggeber und Kesb. Für Ihren Vorsorgeauftrag haben Sie zwei Möglichkeiten:

- **Handschriftlicher Vorsorgeauftrag:** Den Vorsorgeauftrag müssen Sie von A bis Z von Hand schreiben, datieren und unterschreiben. Es ist nicht falsch, aber auch nicht zwingend, dass Sie zusätzlich zum Datum auch den Ort vermerken.
- **Öffentlich beurkundeter Vorsorgeauftrag:** Wenn Sie wegen körperlicher Gebrechen nicht mehr schreiben können, haben Sie die Möglichkeit des öffentlich beurkundeten Vorsorgeauftrags: Dabei wird der Vorsorgeauftrag bei einer Urkundsperson, meist bei einem Notar, aufgesetzt (in Basel beispielsweise auch direkt auf der Kesb). Die öffentliche Beurkundung ist auch empfehlenswert, wenn Sie allfällige Zweifel Ihrer Angehörigen oder der Kesb darüber, ob Sie zum Zeitpunkt der Errichtung urteilsfähig gewesen seien, aus dem Weg räumen wollen. Die Kosten für einen öffentlich beurkundeten Vorsorgeauftrag belaufen sich schnell einmal auf 1000 Franken oder mehr.

INFO *Es fällt nicht in die Kompetenz der Urkundsperson, zu beurteilen, ob die beauftragte Person geeignet ist, den Auftrag auszuführen. Dies wird zum Zeitpunkt der Fälligkeit des Vorsorgeauftrags in jedem Fall von der Kesb entschieden.*

FAKTEN CHECK

ÜBER DIE KINDER BESTIMMEN IM VORSORGEAUFTRAG?

«Eltern müssen in ihrem Vorsorgeauftrag festhalten, wer für ihre Kinder als Beistand eingesetzt werden soll, sofern ein Elternteil urteilsunfähig wird oder stirbt.» Oder: «In einem Vorsorgeauftrag sollte man schreiben, wer das Sorgerecht über die Kinder bekommt.»

Der Check: In einem Vorsorgeauftrag kann man nicht über andere Menschen bestimmen, nur über sich selber. Und: In der Schweiz können nur Eltern das Sorgerecht ausüben.

Wenn ein Elternteil stirbt oder urteilsunfähig wird, brauchen die Kinder keinen Beistand, der sich in Erziehungsfragen einmischt, denn der andere Elternteil hat immer noch das Sorgerecht. Aber für vermögensrechtliche Fragen kann ein Beistand nötig sein: Wenn ein Elternteil stirbt und die Eltern verheiratet sind – oder unverheiratete Eltern sich gegenseitig als Erben eingesetzt haben –, bilden die Kinder und der hinterbliebene Elternteil eine Erbengemeinschaft. Der Elternteil, der das Kindesvermögen verwalten muss, kommt in einen Interessenkonflikt, wenn er sich um seinen Teil der Erbschaft und gleichzeitig um den Erbteil der Kinder kümmern muss. Deshalb wird die Kesb den Kindern zum Schutz ihres Vermögens einen Beistand zur Seite stellen müssen, der genau prüft, ob die Vorhaben des hinterbliebenen Elternteils im Interesse der Kinder sind. In Erziehungsfragen mischt er sich nicht ein.

Sterben beide Eltern, erhält das Kind einen Vormund. Wer dies sein soll, können die Eltern in einem Schreiben festhalten (siehe Muster im Anhang). Wenn dieser Wunsch im Interesse der Kinder ist, wird ihm die Kesb stattgeben.

Öffentlich beurkundete Vorsorgeaufträge: Versteht man sie?

Was vom Gesetzgeber als einfaches Instrument zur persönlichen Vorsorge gedacht war, ist teilweise zur «Gschäftlimacherei» geworden. Anwälte und Notarinnen verdienen mit der Beurkundung von Vorsorgeaufträgen gutes

ÜBERLEGUNGEN ZUM VORSORGEAUFTRAG

Wer einen Vorsorgeauftrag errichten will, muss sich bewusst sein, dass das Selbstbestimmungsrecht immer mit Eigenverantwortung gepaart ist. Man sollte deshalb genau prüfen, ob im Vorsorgeauftrag die richtigen Aufgaben aufgeführt sind und ob die richtige Person für diese Aufgaben bezeichnet wurde. Man muss sich zudem im Klaren darüber sein, dass die Kesb dereinst zwar den Vorsorgeauftrag und die beauftragte Person überprüft, dass aber nach Abschluss der Überprüfung und nach der Einsetzung dieser Person keine weitere Kontrolle mehr vorgesehen ist – es sei denn, die Kesb erfährt, dass jemand seine Aufgaben vernachlässigt.

Die vorsorgebeauftragte Person wird also weitgehend unkontrolliert handeln. Selber kann man sie dann auch nicht mehr kontrollieren, weil man zu diesem Zeitpunkt ja urteilsunfähig ist. Man könnte sich also gegen eine missbräuchliche Finanzverwaltung nicht mehr wehren. Kurz: Man muss der vorsorgebeauftragten Person blind vertrauen können.

Anders bei einer Beistandschaft: Zwar ist auch dort nicht ausgeschlossen, dass sich der Beistand ein Fehlverhalten zuschulden kommen lässt. Seine Mandatsführung steht aber unter der regelmässigen Aufsicht der Kesb (siehe Seite 171).

Mit diesen Bemerkungen soll nicht der Vorsorgeauftrag gegen die Beistandschaft ausgespielt werden. Es ist aber eine Risikoabwägung, die jeder und jede für sich selber sorgfältig vornehmen muss. ■

Geld – oft mit dem Resultat, dass die Leute ihren eigenen Vorsorgeauftrag nicht mehr verstehen und im Beobachter-Beratungszentrum anrufen, um sich Sätze, die angeblich ihrem Willen entsprechen, erklären zu lassen. Ein verständliches und einfaches Muster zum Abschreiben finden Sie im Anhang.

Vorsorgeauftrag und/oder Vollmacht

Viele Leute erstellen eine ganz normale Vollmacht – zum Beispiel dann, wenn sie in die Ferien gehen, kurz ins Spital müssen oder aus anderen Gründen ihren Verpflichtungen vorübergehend nicht nachkommen können. Sobald man dazu wieder in der Lage ist, kann man überprüfen, ob die bevollmächtigte Person alles richtig gemacht hat. Diese Vollmacht ist im Obligationenrecht geregelt (Art. 32 ff. und Art. 394 ff. OR). Sie muss nicht handschriftlich sein: Man kann vorgedruckte Formulare verwenden, diese datieren und unterschreiben. Meist steht in einer solchen Vollmacht der Satz, dass sie auch im Fall der Urteilsunfähigkeit gültig sein soll.

INFO *Soll die bevollmächtigte Person auch über Ihr Bank- oder Postcheckkonto verfügen oder eingeschriebene Sendungen abholen, müssen Sie die Vollmachtsformulare der Banken und der Post verwenden.*

Viele fragen sich, ob eine Vollmacht nicht genügen würde und weshalb es ein Vorsorgeauftrag sein muss. Die Antworten:

- Wenn der Vollmachtgeber voraussichtlich dauernd urteilsunfähig wird, muss der Bevollmächtigte die Kesb an dessen Wohnsitz benachrichtigen. Die Kesb wird prüfen, ob mit der Vollmacht die Interessen des nun urteilsunfähigen Vollmachtgebers noch gewahrt sind. Wenn nicht, muss unter Umständen eine Beistandschaft errichtet werden.
- Normale Vollmachten müssen von Geschäftspartnern nicht akzeptiert werden, ein Vorsorgeauftrag hingegen schon.
- Stirbt die Person, für die man mit der Vollmacht Geschäfte erledigt hat, kommt es gemäss den Erfahrungen im Beobachter-Beratungszentrum häufig zum Streit mit den Erben. Mit einem Vorsorgeauftrag ist dies weniger der Fall, weil der oder die Beauftragte von der Kesb legitimiert wurde, für die urteilsunfähige Person zu deren Lebzeiten zu handeln.

Das Beobachter-Beratungszentrum empfiehlt aus diesen Gründen, nebst einer normalen Vollmacht auch einen Vorsorgeauftrag zu errichten.

AUS DER BEOBACHTERPRAXIS

Vollmacht, Vorsorgeauftrag, Testament: Ist die Kesb involviert?
«Es gibt die Vollmacht, den Vorsorgeauftrag und das Testament. Das verwirrt mich. Reicht es denn nicht, wenn ich meiner Tochter eine Vollmacht ausstelle, damit sie mich vertreten kann?»

Nein, das reicht nicht für alle Situationen. Vollmacht, Vorsorgeauftrag und Testament decken unterschiedliche Zeitpunkte ab.

Mit der **Vollmacht** können Sie sich vertreten lassen, solange Sie urteilsfähig sind und die Person, die Sie ausgewählt haben, selber überprüfen können. Sobald Sie nicht mehr urteilsfähig sind, erlischt die Vollmacht. Sie können darin zwar festhalten, dass sie im Fall Ihrer Urteilsunfähigkeit weiter gelten soll. Es ist aber rechtlich umstritten, ob das in jedem Fall ausreicht.

Mit dem **Vorsorgeauftrag** können Sie Regelungen für den Fall Ihrer Urteilsunfähigkeit treffen. In diesem Dokument können Sie festhalten, wer für Sie entscheiden soll, wo Sie leben wollen, wer Ihre Finanzen regeln soll und wer für Sie Verträge abschliessen darf. Der Auftrag tritt erst in Kraft, wenn Sie dauerhaft urteilsunfähig sind. Zu diesem Zeitpunkt muss jemand den Vorsorgeauftrag bei der Kesb einreichen. Die Behörde setzt ihn in Kraft und stellt dem oder der Beauftragten eine Urkunde aus. Damit kann sich diese Person ausweisen und Sie so vertreten. Der Vorsorgeauftrag erlischt mit Ihrem Tod.

Wenn Sie regeln wollen, was nach Ihrem Tod geschehen soll, müssen Sie ein **Testament** erstellen. Darin können Sie einen Willensvollstrecker einsetzen. Dessen Aufgabe ist es, Ihren Nachlass zu verwalten, abzuwickeln und die Erbteilung vorzubereiten. Er ist an die Vorgaben gebunden, die Sie dazu in Ihrem Testament gemacht haben. Allerdings: Wenn Sie mehrere Erben hinterlassen, bilden diese eine Erbengemeinschaft und müssen alle Entscheide einstimmig fällen. Über dieses Einstimmigkeitsprinzip kann sich auch der Willensvollstrecker nicht hinwegsetzen.

AUS DER BEOBACHTERPRAXIS

Dank Vorsorgeauftrag keine Beistandschaft nötig?
«Meine Mutter tut sich immer schwerer damit, ihre Finanzen zu regeln. Ich muss das übernehmen. Genügt es, wenn sie mir eine Generalvollmacht erteilt?»

Ja, solange Ihre Mutter noch urteilsfähig ist. Sie kann Ihnen eine Generalvollmacht erteilen, in der Sie autorisiert werden, die Mutter umfassend zu vertreten. Banken und auch die Post bestehen jedoch darauf, dass ihre hauseigenen Vollmachtsformulare verwendet werden. Am besten erkundigen Sie sich dort.

Sollte Ihre Mutter eines Tages urteilsunfähig werden, sind Sie als bevollmächtigte Person gemäss Obligationenrecht verpflichtet, die Kesb zu benachrichtigen. Denn dann kann Ihre Mutter die Rechtsgeschäfte und Ihre Tätigkeit nicht mehr überwachen. Deshalb muss dann überprüft werden, ob eine Beistandschaft zu errichten ist. Damit eine solche Beistandschaft dann nicht nötig wird, empfiehlt es sich, dass Ihre Mutter – zusätzlich zur Vollmacht – auch einen Vorsorgeauftrag errichtet. Sicher ist sicher.

Wo bewahrt man den Vorsorgeauftrag auf?

Ein Vorsorgeauftrag, von dem niemand etwas weiss, ist so gut wie inexistent. Angehörige, Freunde und Vorsorgebeauftragten müssen also wissen, dass dieses Dokument besteht und wo es aufbewahrt wird. Im Fall der Urteilsunfähigkeit dürfte man in aller Regel nicht mehr wissen, wo man den Vorsorgeauftrag versorgt oder hinterlegt hat.

Der Vorsorgeauftrag soll schnell gefunden werden. Der Banksafe oder der Tresor sind daher keine geeigneten Orte. Am besten bewahren Sie Ihren Vorsorgeauftrag dort auf, wo auch Ihr Testament, Ihr Pass und andere wichtige Dokumente liegen. Selbstverständlich können Sie ihn auch einer Person Ihres Vertrauens übergeben.

Auf Nummer sicher gehen

Wollen Sie sicherstellen, dass die Kesb im Fall Ihrer Urteilsunfähigkeit erfährt, dass Sie einen Vorsorgeauftrag verfasst haben, gehen Sie folgendermassen vor: Die Information, dass man einen Vorsorgeauftrag hat und wo man ihn aufbewahrt, kann im Personenstandsregister eingetragen werden. Das können Sie beim Zivilstandsamt veranlassen. Hinterlegen können Sie das Dokument dort aber nicht. Sie brauchen es deshalb beim Gang aufs Amt auch nicht mitzunehmen. Das Zivilstandsamt bietet zudem keine Beratung zu Vorsorgeaufträgen.

Weshalb ist dies sinnvoll? Die Kesb muss, wenn sie Kenntnis von einer urteilsunfähigen Person erhält, beim Zivilstandsamt nachfragen, ob diese einen Vorsorgeauftrag hat eintragen lassen. Das ist in Artikel 363 ZGB geregelt.

In einigen Kantonen kann man den Vorsorgeauftrag zudem bei der Kesb hinterlegen. Die Gebühren dafür sind kantonal unterschiedlich.

Kein Vorsorgeauftrag?

Es gibt Leute, die wollen eigentlich einen Vorsorgeauftrag schreiben, aber dann werden sie urteilsunfähig, bevor sie es getan haben. Andere entscheiden sich, keinen Vorsorgeauftrag zu schreiben, und sind somit bewusst oder unbewusst einverstanden, dass ein Beistand ihre Angelegenheiten erledigt, wenn sie urteilsunfähig werden. Wieder andere kennen niemanden, den sie beauftragen könnten. Was geschieht ohne Vorsorgeauftrag im Fall der Urteilsunfähigkeit?

- Ehepaare und gleichgeschlechtliche eingetragene Paare, die zusammenleben oder einander regelmässig und persönlich Beistand leisten, haben vom Gesetz her ein Vertretungsrecht (siehe nächste Seite).
- Angehörige oder Bekannte dürfen die Angelegenheiten einer urteilsunfähigen Person nicht einfach so erledigen. Insbesondere Ledige und Verwitwete benötigen im Fall der Urteilsunfähigkeit in der Regel einen Beistand, wenn sie keine Vorsorge getroffen haben.

Es gibt namhafte Fachleute, die es ganz pragmatisch sehen, wenn jemand keinen Vorsorgeauftrag hat: Weil man seiner vorsorgebeauftragten Person im Fall der Urteilsunfähigkeit ohnehin zu 100 Prozent vertrauen muss, spricht eigentlich nichts dagegen, wenn dieser Person einfach eine Generalvollmacht ausgehändigt wird und sie sämtliche Passwörter für das E-Banking erhält. Ganz ohne behördliches Zutun kann diese Person dann handeln, wenn man selber urteilsunfähig geworden ist. Es gilt das Sprichwort «Wo kein Kläger, da kein Richter». Das Risiko dabei: Wenn ein «Kläger» auftaucht, kann es schwierig werden. Zum Beispiel dann, wenn ein Dritter die Vollmacht nicht akzeptiert, Zweifel an der Urteilsfähigkeit der Vollmachtgeberin äussert oder sogar weiss, dass diese urteilsunfähig ist. Zudem: Wird die Vollmachtgeberin voraussichtlich dauernd urteilsunfähig, muss der Beauftragte die Kesb an ihrem Wohnsitz benachrichtigen, wenn «eine solche Meldung zur Interessenwahrung angezeigt erscheint», wie es in Artikel 397a OR heisst.

Das Vertretungsrecht von Verheirateten und eingetragenen Partnern

Was seit 2013 gesetzlich geregelt ist, war in vielen Schweizer Haushalten schon gelebte Praxis, bevor es ein Gesetz dafür gab. Es war gang und gäbe, dass die Ehefrau für den dement gewordenen Ehemann die Geschäfte erledigte, etwa Rechnungen bezahlte, Versicherungen änderte, sein Einkommen verwaltete, die Post erledigte. Man bewegte sich jedoch stets im Graubereich. Eheleute – und gleichgeschlechtliche eingetragene Partnerinnen respektive Partner – haben erst seit 2013 ein gegenseitiges Vertretungsrecht. Dieses Recht haben sie, wenn der Partner, die Partnerin urteilsunfähig wird und sie mit ihm oder ihr in einem gemeinsamen Haushalt leben oder regelmässig und persönlich mit Rat und Tat zur Seite stehen (beispielsweise wenn der andere in einem Heim lebt). Dies ist in Artikel 374 ZGB geregelt.

Das Vertretungsrecht umfasst alle Handlungen, die zur Deckung des Unterhalts erforderlich sind. Im Verkehr mit Banken und anderen Geschäftspartnern ist unter Umständen eine Urkunde der Kesb nötig, die das Vertretungsrecht bestätigt und die Befugnisse umschreibt – dies aber nur, wenn die Banken und Geschäftspartner die Urteilsunfähigkeit des Ehegatten trotz Arztzeugnis anzweifeln. Dass die Kesb in solchen Fällen eingeschaltet werden muss, führt regelmässig zu grossem Ärger aller Beteiligten.

Brauchen Verheiratete also keinen Vorsorgeauftrag? Wenn Eheleute «ausserordentliche» Vermögenswerte (Liegenschaft, Aktien etc.) besitzen und wünschen, dass der Partner, die Partnerin im Fall der eigenen Urteilsunfähigkeit diese Vermögenswerte veräussern darf, sollten sie dies in einem Vorsorgeauftrag festlegen. Besteht kein Vorsorgeauftrag mit einer solchen Regelung, gilt nur das gewöhnliche Vertretungsrecht der Eheleute. Dann muss ein Ehegatte – oder ein eingetragener Partner – die Zustimmung der Kesb einholen, wenn er über ausserordentliche Vermögenswerte des anderen verfügen will. Ebenso muss er die Zustimmung einholen, wenn er Dinge erledigen will, die über das normale Vertretungsrecht hinausgehen.

Konkubinatspartner haben kein Vertretungsrecht

Das Vertretungsrecht für amtliche und administrative Angelegenheiten gilt nur für Ehepaare und gleichgeschlechtliche eingetragene Paare. Personen – unabhängig ob hetero- oder homosexuell –, die im Konkubinat leben und dem Partner, der Partnerin Rechte einräumen wollen, müssen dies in einem Vorsorgeauftrag bestimmen.

INFO *Bei rein medizinischen Angelegenheiten hat auch der Konkubinatspartner, die Lebensgefährtin ein Vertretungsrecht (siehe Kaskadenordnung auf Seite 75).*

Die Kesb setzt den Vorsorgeauftrag in Kraft

Ein handschriftlicher oder öffentlich beurkundeter Vorsorgeauftrag ist zunächst einmal nichts anderes als eine Absichtserklärung, was im Fall der Urteilsunfähigkeit gelten soll. Auch wenn eine Person dann urteilsunfähig geworden ist, ja selbst wenn eine Ärztin die Urteilsunfähigkeit bestätigt, ist der Vorsorgeauftrag deshalb noch lange nicht wirksam. In Kraft tritt er erst, wenn er von der Kesb validiert ist – «validieren» bedeutet, dass der Wert von etwas festgestellt wird. Geregelt ist dies in Artikel 363 ZGB.

OHNE KESB LÄUFT NICHTS Michaela J. wusste, dass sie an einer Krankheit litt, die früher oder später zur Urteilsunfähigkeit führt. Nebst einem Testament und einer Patientenverfügung schrieb sie deshalb einen Vorsorgeauftrag: Ihre Tochter sollte sich um die Personensorge, den Rechtsverkehr und um ihr Vermögen kümmern. Als Michaela J. bettlägerig wird, ihren Namen nicht mehr weiss, ihre Tochter nicht mehr kennt und dringende Rechnungen zu bezahlen sind, holt die Tochter den Vorsorgeauftrag der Mutter und geht zur Bank. «Mit diesem Dokument können wir nichts anfangen», sagt man ihr am Schalter. «Sie müssen den Vorsorgeauftrag von der Kesb validieren lassen!»

Wenn die Kesb erfährt, dass jemand urteilsunfähig geworden ist – beispielsweise aufgrund einer Gefährdungsmeldung (siehe Seite 32) –, fragt sie als Erstes beim Zivilstandsamt nach, ob ein Eintrag für einen Vorsorgeauftrag vorhanden ist (siehe Seite 63). Meist melden sich aber Angehörige direkt mit dem Vorsorgeauftrag einer urteilsunfähig gewordenen Person auf der Kesb.

AUS DER BEOBACHTERPRAXIS

Kann die Kesb einen Vorsorgeauftrag ablehnen?
«Mein Sohn und ich haben vereinbart, dass er mich vertritt, wenn ich urteilsunfähig bin. Kann die Kesb diesen Vorsorgeauftrag ablehnen?»

Unter Umständen ja. Bevor sie den Vorsorgeauftrag in Kraft setzt, muss die Kesb prüfen, ob Sie wirklich urteilsunfähig sind und ob der Vorsorgeauftrag formgerecht erstellt wurde. Formgerecht heisst, dass er entweder komplett von Hand geschrieben oder öffentlich beurkundet wurde.

Neben diesen Formalien prüft die Behörde auch, ob Ihr Sohn überhaupt geeignet ist, Sie zu vertreten. In der Regel muss man dazu einen Betreibungs- und einen Strafregisterauszug vorlegen. Wenn die Überprüfung ergibt, dass alles in Ordnung ist und dass der Vorsorgeauftrag alle zu erledigenden Aufgaben abdeckt, erhält Ihr Sohn eine Urkunde, die ihn berechtigt, für Sie tätig zu sein.

Falls der Sohn dereinst seine Aufgaben vernachlässigt oder gar gegen Ihre Interessen verstösst und die Kesb davon erfährt, kann sie verlangen, dass er periodisch Bericht erstattet und eine Abrechnung vorlegt. Im Extremfall kann sie ihm den Vorsorgeauftrag sogar entziehen.

So geht die Kesb vor

Als Erstes prüft die Kesb den Vorsorgeauftrag (siehe Kasten auf Seite 68). Wenn bei dieser Prüfung keine grundlegenden Mängel festgestellt werden, prüft sie auch folgende Fragen:

- Ist die auftraggebende Person wirklich urteilsunfähig? Um dies abzuklären, genügt in aller Regel ein Arztzeugnis.
- Ist der Vorsorgeauftrag gültig errichtet worden? Dazu gehört neben den Formvorschriften auch, dass es keine Zweifel darüber gibt, dass die auftraggebende Person den Vorsorgeauftrag freiwillig und nicht etwa unter Zwang geschrieben hat und dass sie zum Zeitpunkt der Errichtung urteilsfähig war.
- Eignet sich die beauftragte Person für die vorgesehenen Aufgaben? Wer für einen anderen Menschen vorsorgebeauftragt werden will, braucht einen guten Leumund. Für diesen Nachweis verlangt die Kesb einen aktuellen Betreibungs- und Strafregisterauszug. Die Kesb führt zudem mit der eingesetzten Person ein Gespräch und instruiert sie über ihre Tätigkeit als Vorsorgebeauftragte.

INFO *Niemand ist verpflichtet, einen Vorsorgeauftrag anzunehmen. Als Vorsorgebeauftragter eignet sich nur, wer motiviert und gewillt ist, für einen anderen Menschen zu sorgen. Der Auftrag kann zudem jederzeit mit zweimonatiger Kündigungsfrist gekündigt werden, aus wichtigen Gründen (beispielsweise Krankheit, Überforderung, Streit mit der urteilsunfähigen Person) auch fristlos.*

Wenn alle Voraussetzungen erfüllt sind, stellt die Kesb der beauftragten Person eine Urkunde aus, die aus einer Verfügung in Kombination mit einer Kopie des Vorsorgeauftrags besteht und über die Kompetenzen des oder der Beauftragten Auskunft gibt. Heime, Banken, Versicherungen und andere Partner müssen die von der Kesb ausgestellte Urkunde akzeptieren. Abschliessend macht die Kesb Meldung ans Zivilstandsamt und – weil ein Vorsorgeauftrag fast immer auch die Vermögensverwaltung umfasst – auch ans Betreibungsamt. Zu beidem ist sie gesetzlich verpflichtet (Art. 449c ZGB, Art. 68d SchKG).

TIPP *Das Validierungsverfahren dauert in der Regel ein bis zwei Monate. Wenn Sie für eine urteilsunfähige Person als beauftragte Person vorgesehen sind, reichen Sie der Kesb nebst dem Vorsorgeauftrag am besten gleich auch ein Arztzeugnis des Urteilsunfähigen und Ihren eigenen Betreibungs- und Strafregisterauszug ein. Das beschleunigt das Ganze.*

PRÜFUNG DES VORSORGEAUFTRAGS

- Entspricht der Vorsorgeauftrag den Formvorschriften (eigenhändig geschrieben oder öffentlich beurkundet)?
- Ist der Vorsorgeauftrag datiert?
- Ist der Vorsorgeauftrag eigenhändig unterschrieben?
- Ist das Original vorhanden (nur in den allerseltensten Fällen genügt eine Kopie – etwa dann, wenn das Original von einer Drittperson vernichtet wurde)?
- Sind die Anordnungen ausreichend bestimmt?
- War die auftraggebende Person zum Zeitpunkt der Errichtung handlungsfähig (siehe Glossar)?
- Verlangen die Anordnungen nichts, was sich gar nicht umsetzen lässt?
- Ist eine Entschädigung des Vorsorgebeauftragten festgelegt? Wenn nicht, kann die Kesb eine Entschädigung festlegen.
- Ist der Vorsorgeauftrag verständlich? Die Kesb kann bei Unklarheiten den Vorsorgeauftrag auslegen und notfalls Ergänzungen vornehmen.

Keine Validierung möglich?

Unter Umständen kann ein Vorsorgeauftrag nicht validiert werden. Dies kann beispielsweise der Fall sein, wenn die vorgesehene Person oder die vorgesehenen Personen den Auftrag nicht annehmen wollen. Auch ein Vorsorgeauftrag, der statt von Hand auf dem Computer geschrieben wurde oder der erst errichtet wurde, als der Auftraggeber bereits urteilsunfähig war, kann nicht validiert werden. In solchen Situationen muss die Kesb in aller Regel eine Beistandschaft errichten.

Wurden wichtige Punkte im Vorsorgeauftrag nicht geregelt – wurde beispielsweise nichts über die Vermögensverwaltung geschrieben –, kann der Auftrag nur teilweise validiert werden, denn was im Vorsorgeauftrag fehlt, kann von der beauftragten Person nicht erledigt werden. In diesen Fällen muss die Kesb entscheiden, ob sie für die nicht geregelten Dinge eine Beistandschaft anordnet.

VORSORGEAUFTRAG BEI URTEILSUNFÄHIGKEIT Erich M. (79) ist an Demenz erkrankt. Nun soll eines seiner Häuser verkauft werden – für diesen Fall liegt ein Vorsorgeauftrag vor. Seine Ehefrau Sophie nimmt daher mit der Kesb Kontakt auf, und diese startet ein Verfahren: Sie lässt sich unter anderem die Urteilsunfähigkeit vom Arzt von Erich M. bestätigen. Das Problem: Der Vorsorgeauftrag wurde 2018 verfasst, der Arzt schreibt aber, Erich M. sei seit 2017 urteilsunfähig. Schon damals habe er weder seinen eigenen Namen gekannt noch gewusst, wo er wohnte und wie seine Angehörigen hiessen. Der Vorsorgeauftrag kann nicht validiert werden.

KEINE VERTRETUNGSBERECHTIGTE PERSON AUFGEFÜHRT
Nicole F. hat einen Vorsorgeauftrag geschrieben, aber niemanden bezeichnet, der für sie im Fall der Urteilsunfähigkeit handeln soll. Für diesen Punkt wollte sie sich noch Zeit nehmen. Dann aber war es zu spät. Die Kesb kann nun nicht interpretieren und mutmassen, wen Nicole F. wohl beauftragt hätte. Deshalb ist ihr Vorsorgeauftrag unwirksam.

Die Kosten für den Vorsorgeauftrag

Die Aktivitäten der Kesb kosten. Die Kosten richten sich unter anderem nach dem Aufwand: Je komplizierter ein Vorsorgeauftrag verfasst ist, desto mehr hat die Kesb zu tun. Auch wenn ein Vorsorgeauftrag auslegungsbedürftig ist, wirkt sich das auf die Kosten aus: Während das Validieren bei geringem Aufwand in den meisten Kantonen hundert oder wenige Hundert Franken beträgt, können die Kosten bei grossem Aufwand schnell tausend Franken oder mehr betragen.

Die Verantwortung der vorsorgebeauftragten Person

Die Kesb informiert die beauftragte Person, dass diese ihre Aufgaben nach den Bestimmungen des Obligationenrechts wahrnehmen muss (Art. 394 ff. OR). Das heisst: Man muss stets in der Lage sein, Rechenschaft über die Geschäftsführung abzulegen. Auch haftet der oder die Beauftragte für die korrekte Ausführung der Aufgaben (Art. 400 OR, Art. 456 ZGB). Es ist also ratsam, alle Handlungen zu dokumentieren und eine verständliche Buchhaltung zu führen. Die Kesb wird auch über allfällige Interessenkonflikte (siehe Glossar) informieren: Möglicherweise wurde ein solcher Interessenkonflikt vom Verfasser des Vorsorgeauftrags bewusst in Kauf genommen – etwa wenn Eltern und Kinder gemeinsam an einer Liegenschaft beteiligt sind und den Kindern das Recht eingeräumt wird, den Anteil der

Eltern zu verkaufen. Die vorsorgebeauftragte Person muss jedoch die Kesb benachrichtigen, wenn eine Interessenkollision auftaucht, die der Verfasser offensichtlich nicht in Kauf genommen hat – oder von der er nicht wissen konnte, dass sie entstehen könnte. Das dürfte zum Beispiel dann der Fall sein, wenn die vorsorgebeauftragte und die urteilsunfähige Person irgendwann unvorhergesehen derselben Erbengemeinschaft angehören und unterschiedliche Interessen bestehen.

Den Vorsorgeauftrag kündigen?

Der oder die Beauftragte kann den Auftrag jederzeit kündigen. Eine Kündigung muss man bei der Kesb einreichen, nicht etwa bei den Angehörigen der urteilsunfähigen Person. Die Kündigungsfrist beträgt zwei Monate. Wenn mehrere Personen zusammen einen Vorsorgeauftrag ausführen, kann jede für sich allein kündigen. Sind durch eine Kündigung die Interessen der auftraggebenden Person nicht mehr gewährleistet – was meist der Fall sein dürfte –, hat die Kesb zu prüfen, ob eine Beistandschaft errichtet werden muss.

INFO *Aus wichtigen Gründen kann ein Vorsorgeauftrag auch fristlos gekündigt werden. Zu denken ist etwa an Streit mit der auftraggebenden Person oder deren Umfeld, an Krankheiten, unvorhergesehene Veränderungen in den persönlichen Verhältnissen und ähnliche Situationen.*

Wann schreitet die Kesb ein?

Auch wenn ein Vorsorgeauftrag validiert ist, kann es sein, dass die Kesb aufgrund einer Meldung einschreiten muss. Zum Beispiel, wenn der Auftraggeber im Vorsorgeauftrag festgelegt hat, dass eine Liegenschaft zum Verkehrswert verkauft werden kann und die vorsorgebeauftragte Person die Liegenschaft zu einem Spottpreis an einen Dritten oder an sich selber verkaufen will.

Die Kesb muss nicht nur bei tatsächlicher Gefahr einschreiten. Es reicht, wenn sie erfährt, dass die Interessen der auftraggebenden Person gefährdet sind oder dass sie nicht oder unzureichend wahrgenommen werden. Genügen Weisungen an die beauftragte Person nicht, muss die Kesb prüfen, ob dieser der Auftrag ganz oder teilweise zu entziehen ist. Ein teilweiser Entzug ist denkbar, wenn sich die beauftragte Person für einzelne Aufgaben nicht mehr eignet oder wenn sich die Verhältnisse so stark verändert haben, dass sie überfordert ist. Wird der Auftrag ganz entzogen und sind im Vorsorgeauftrag keine Ersatzpersonen genannt, kann die Kesb nicht jemand anderes beauftragen; sie muss in aller Regel eine Beistandschaft errichten. So steht es in Artikel 368 ZGB.

FAKTENCHECK: NICHT MEHR ABSTIMMEN DÜRFEN?

«Man darf nicht mehr wählen und nicht mehr abstimmen, wenn ein Vorsorgeauftrag in Kraft tritt! Dieses Recht steht sonst jedem Schweizer zu.»

Der Check: Dieses Recht steht nicht allen zu. In der Bundesverfassung steht: Die politischen Rechte stehen allen volljährigen Schweizerinnen und Schweizern zu, die nicht wegen Geisteskrankheit oder Geistesschwäche entmündigt sind. Zwar wird seit 2013 niemand mehr entmündigt, und von Geisteskrankheit spricht auch niemand mehr. Doch das Bundesgesetz über die politischen Rechte regelt, dass Personen, die wegen dauernder Urteilsunfähigkeit unter umfassender Beistandschaft stehen oder durch eine vorsorgebeauftragte Person vertreten werden, vom Stimmrecht ausgeschlossen sind.

Das mag unfair erscheinen, denn wer keinen Vorsorgeauftrag geschrieben hat, darf auch bei Urteilsunfähigkeit noch an die Urne – sofern er nicht unter umfassende Beistandschaft gestellt wird. Doch muss man sich fragen, ob jemand, der seine eigenen Angelegenheiten nicht mehr regeln kann, bei den Angelegenheiten des Landes mitreden soll.

Die Patientenverfügung und die Rolle der Kesb

Früher machte man, was der Arzt sagte. Er war schliesslich eine Autoritätsperson. Aufgeklärte Patienten und Patientinnen reden heute mit, holen Zweitmeinungen ein und stimmen längst nicht jeder Behandlung zu, die ein Arzt oder eine Ärztin vorschlägt. Doch wenn man urteilsunfähig wird, kann man nicht mehr mitreden. Mit ein bisschen Aufwand lässt sich aber das in guten Zeiten selbstverständliche Selbstbestimmungsrecht auch für schlechte Zeiten bewahren.

Bis zur Einführung des Kindes- und Erwachsenenschutzrechts bestanden unterschiedliche kantonale Regelungen, was Patientenverfügungen anbelangte – in manchen Kantonen gab es auch keine. Die schweizweite Regelung der Patientenverfügung war daher eines der zentralen Anliegen bei der Revision des Vormundschaftsrechts: Das Selbstbestimmungsrecht sollte gefördert werden. Um dieses durchzusetzen, braucht es gelegentlich die Kesb.

Was ist eine Patientenverfügung?

Die gesetzlichen Regeln zur Patientenverfügung finden sich in Artikel 370 ff. ZGB:

- Das Gesetz regelt zum einen, dass urteilsfähige Personen festlegen können, welche medizinischen und/oder pflegerischen Massnahmen im Fall ihrer Urteilsunfähigkeit durchgeführt werden sollen und welche nicht. Dies ist vor allem dann sinnvoll, wenn man weiss, dass man an einer Krankheit leidet, die früher oder später zur Urteilsunfähigkeit führen kann.
- Zum andern regelt das Gesetz, dass man auf direkte Anweisungen verzichten und stattdessen die nötigen Entscheidungen einer Stellvertretung überlassen kann. Diese Stellvertretung muss eine natürliche Person übernehmen.

Beides ist in den Bestimmungen über die Patientenverfügung geregelt – wobei die zweite Variante von einigen Autoren «Patientenvollmacht» genannt wird. Man kann die beiden Punkte auch mischen: Man kann beispielsweise festlegen, dass man der einen oder anderen Behandlung zustimmt oder sie ablehnt – für alles andere aber eine Person ermächtigt, die entscheiden darf.

BUCHTIPP
Umfassende Informationen zur Patientenverfügung und auch zum Vorsorgeauftrag finden Sie in diesem Beobachter-Ratgeber: **Ich bestimme. Mein komplettes Vorsorgedossier.**
www.beobachter.ch/buchshop

In der Patientenverfügung kann man also festlegen, ob dann, wenn man beispielsweise im Koma liegt und selber nicht mehr bestimmen kann, lebenserhaltende Massnahmen (Operationen, Medikamente, Ernährung über Infusion etc.) durchgeführt werden sollen oder ob man auf sie verzichten, sie allenfalls abbrechen soll. Weiter kann man zum Beispiel auch bestimmen, von wem man im Spital auf keinen Fall Besuch haben möchte. Auch ob man einer Organspende zustimmt, sie nur für bestimmte Organe oder gar nicht erlaubt, kann man in der Patientenverfügung festlegen (in Ergänzung zu einem Organspendeausweis). Zudem sind Wünsche zur Sterbebegleitung und zur Seelsorge möglich.

ACHTUNG *Nicht möglich ist es, in einer Patientenverfügung die Suizidbeihilfe oder gar aktive Sterbehilfe zu verlangen. Aktive Sterbehilfe ist in der Schweiz verboten, und Suizidbeihilfe ist nur möglich, wenn jemand im Zeitpunkt der Einnahme des tödlichen Medikaments urteilsfähig ist.*

Wie verfasst man eine Patientenverfügung?

Während ein Vorsorgeauftrag von Hand geschrieben oder öffentlich beurkundet werden muss, müssen Sie eine Patientenverfügung nur datieren und eigenhändig unterschreiben. Sie können deshalb auch vorgefertigte Formulare verwenden, wie sie von verschiedenen Organisationen angeboten werden. Aber Achtung: Nehmen Sie sich genügend Zeit, um Ihre Patientenverfügung zu errichten und zögern Sie nicht, sich von Ihrem Arzt, Ihrer Ärztin beraten zu lassen – schnell ist es passiert, dass eine Patientenverfügung widersprüchlich ist. Und dann weiss das Behandlungsteam in

WIE STEHT ES UM DIE SCHWEIGEPFLICHT?

Der Entscheid über ärztliche Heileingriffe ist kein absolut höchstpersönliches, sondern nur relativ höchstpersönliches Recht (siehe Glossar). Deshalb ist eine Vertretung möglich. Die mit der Vertretung betraute Person kann nur nach umfassender Information einen zustimmenden oder ablehnenden Entscheid fällen. Deshalb dürfen sich Ärzte dieser Person gegenüber nicht auf die Schweigepflicht berufen: Ist ein Patient urteilsunfähig, gilt das Arztgeheimnis also nicht (sofern eine Patientenverfügung nichts anderes regelt). Die Ärzteschaft muss die vertretungsberechtigte Person zwingend über den Behandlungsplan aufklären. ■

der konkreten Situation doch nicht, was nun dem Willen des Patienten entspricht.

Überlegungen zur Patientenverfügung

Bevor Sie eine Patientenverfügung schreiben, empfiehlt es sich, auf folgende Fragen eine Antwort zu finden:

- Was macht mein Leben lebenswert?
- Weiss ich über mögliche medizinische Massnahmen oder medizinische Unterlassungen genügend Bescheid?
- Wissen meine Liebsten, was in meiner Patientenverfügung steht?
- Bin ich tatsächlich bereit, auf Lebensjahre zu verzichten, um bis zum Schluss unabhängig zu sein? Oder ist mein Leben auch lebenswert, wenn ich urteilsunfähig in einem Pflegebett liege?
- Bin ich bereit, dass mein Leben wegen Schmerzmitteln allenfalls verkürzt wird, wenn dadurch die Schmerzen erträglich werden?
- Ist es mir wichtig, immer bei vollem Bewusstsein zu sein?
- Hat mein Leben keinen Sinn mehr, wenn ich im Koma liege oder an Demenz erkrankt bin?
- Mit welchen Einschränkungen würde ich weiterleben wollen? Und mit welchen nicht?
- Welche religiösen, wissenschaftlichen, weltanschaulichen Überzeugungen prägen meine Gedanken zum Leben und zum Tod?
- Was heisst für mich «in Würde sterben»?

Es dürfte kaum möglich sein, für alle erdenklichen Krankheiten und alle medizinischen Situationen zum vornherein Entscheidungen zu fällen und niederzuschreiben. Es gibt denn auch Stimmen, wonach eine Patientenverfügung für Gesunde wenig Sinn mache. Denn als Gesunder könne man gar nicht abschätzen, welche Behandlung man in welchem Krankheitsstadium als sinnvoll erachten werde. Stattdessen wird empfohlen, die eigenen Wert- und Lebensvorstellungen mit den Angehörigen und dem Hausarzt zu besprechen und sie schriftlich festzuhalten.

TIPP *Halten Sie Ihre religiösen, spirituellen und weltanschaulichen Überzeugungen fest. Diese dienen als Orientierungshilfen für Ärzteschaft, Angehörige und in der Verfügung bestimmte Personen.*

Keine Patientenverfügung? Die Kaskadenordnung

Wer ist zuständig, medizinischen Behandlungen zuzustimmen oder sie zu verweigern, wenn ein urteilsunfähiger Patient keine Patientenverfügung errichtet hat? Welche Personen dann vertretungsberechtigt sind, listet das Gesetz in der sogenannten Kaskadenordnung auf (Art. 378 ZGB):

1. die in einer Patientenverfügung oder in einem Vorsorgeauftrag bezeichnete Person
2. der Beistand oder die Beiständin mit einem Vertretungsrecht bei medizinischen Massnahmen
3. die Person, die als Ehefrau oder Ehemann, eingetragene Partnerin oder eingetragener Partner einen gemeinsamen Haushalt mit der urteilsunfähigen Person führt oder ihr regelmässig und persönlich Beistand leistet
4. die Person, die mit der urteilsunfähigen Person einen gemeinsamen Haushalt führt und ihr regelmässig und persönlich Beistand leistet
5. die Nachkommen, wenn sie der urteilsunfähigen Person regelmässig und persönlich Beistand leisten
6. die Eltern, wenn sie der urteilsunfähigen Person regelmässig und persönlich Beistand leisten
7. die Geschwister, wenn sie der urteilsunfähigen Person regelmässig und persönlich Beistand leisten

Die Reihenfolge ist zwingend. So kommen zum Beispiel die Nachkommen erst zum Zug, wenn die Personen weiter oben in der Kaskade nicht vorhanden sind oder die Vertretung nicht übernehmen möchten. Zudem wird auf die tatsächliche Beziehung zum urteilsunfähigen Patienten abgestellt – die Lebenspartnerin, die mit ihm zusammenlebt, ist vertretungsberechtigt, nicht aber die getrennt lebende Ehefrau.

Wichtig zu wissen ist, dass die Vertretungsberechtigten nicht nach ihren eigenen religiösen, spirituellen oder weltanschaulichen Überzeugungen entscheiden dürfen. Die Entscheide müssen im Sinn der urteilsunfähigen Person gefällt werden. Sind sich Angehörige nicht einig oder sind sie gar heillos zerstritten, bestimmt die Kesb, wer am ehesten den mutmasslichen Willen der betroffenen Person kennt und durchsetzen soll.

Die Kesb am Krankenbett

Im Zusammenhang mit Patientenverfügungen können nahestehende Personen in drei Fällen an die Kesb gelangen:

- **Eine Patientenverfügung wird ganz oder teilweise ignoriert**
  Was tun, wenn eine gültig errichtete Patientenverfügung im Pflegeheim oder im Spital von der Ärzteschaft und vom Pflegepersonal missachtet wird? Wenn zum Beispiel Antibiotika verabreicht werden, obwohl die Patientin festgelegt hat, dass auf Antibiotika verzichtet werden soll, oder wenn eine Operation vorbereitet wird, obwohl die Patientin festgelegt hat, dass sie einer solchen nicht zustimmt? Wenn die Kesb davon erfährt, kann sie die Behandelnden anweisen, die Anordnungen der urteilsunfähig gewordenen Person zu befolgen. Notfalls kann sie ihre Anweisung mit der Androhung einer Ungehorsamsstrafe versehen.
- **Die Interessen einer urteilsunfähigen Person sind nicht gewährleistet**
  Möglich ist, dass eine Patientenverfügung zu unbestimmt oder unvollständig ist und offensichtlich falsch interpretiert wird (siehe Beispiel auf der nächsten Seite). Sind sich die Beteiligten nicht einig, kann die Kesb eine Vertretungsperson bestimmen, die nach dem mutmasslichen Willen des urteilsunfähigen Patienten entscheidet.
- **Die Patientenverfügung entspricht nicht dem freien Willen**
  Sollte nachgewiesen werden können, dass eine Patientenverfügung unter Zwang, Irrtum, Drohung verfasst wurde oder zu einem Zeitpunkt, als der Patient bereits urteilsunfähig war, kann sie nicht gültig sein.

Genau wie beim Vorsorgeauftrag muss die Kesb einschreiten, wenn die Interessen einer pflegebedürftigen, urteilsunfähigen Person, die keine Patientenverfügung geschrieben hat, in sonst irgendeiner Form gefährdet sind – wenn sich gar niemand um sie kümmert. In der Regel wird dann eine Vertretungsbeistandschaft angeordnet, sofern nicht die Kaskadenordnung zum Zug kommt. Die Kesb kann auch eine vertretungsberechtigte Person bestimmen (Art. 381 ZGB).

WENN ANGEHÖRIGE SICH NICHT EINIG SIND Seit dem Tod ihres Mannes lebt Maria D. in einer ihrer Eigentumswohnungen. Einer ihrer Söhne kümmert sich aus der Ferne um die Finanzen, zur einen Tochter besteht kaum Kontakt. Nur Priska D., die älteste Tochter, geht regelmässig vorbei und macht sich zunehmend Sorgen: Wegen fortgeschrittener Demenz ernährt sich die Mutter nicht mehr richtig und lässt sich gehen. Nach einem Sturz wird sie ins Spital eingeliefert, später sollte sie zur Kur. Selber kann sie nicht mehr entscheiden, und zwei ihrer Kinder lehnen den Kuraufenthalt aus Kostengründen ab. Deshalb gelangt Priska D. an die Kesb: Diese entscheidet, dass nicht die Geschwister das Sagen haben, sondern nur Priska D. wirklich das Wohl der Mutter im Sinn hat. Die Kesb ernennt sie als Vertretungsbeiständin für die Mutter (siehe auch das Beispiel auf Seite 27).

WIDERSPRÜCHLICHE PATIENTENVERFÜGUNG Die Patientenverfügung der 85-jährigen Sylvia K. ist widersprüchlich. Auf einem vorgedruckten Formular hat sie angekreuzt, dass sie auf keinen Fall lebensverlängernde Massnahmen wünscht – gleichzeitig hat sie notiert, dass man ihr Antibiotika verabreichen soll, wenn dies nötig sei. Was Sylvia K. nicht wusste: Bei einer akuten Lungenentzündung, die sie nun hat, helfen in der Regel nur Antibiotika, was sehr wohl lebensverlängernd ist. Ihre Kinder und der Arzt sind sich nicht einig. Die Kinder drängen darauf, dass Antibiotika verschrieben werden, der Arzt will das nicht tun: Hat Sylvia K. nicht immer gesagt, dass sie daheim sterben will? Dass sie, die schon unzählige Spitalaufenthalte hinter sich hat, nicht mehr ins Spital will? Dass sie spüre, dass ihre Zeit gekommen sei? Der Arzt erklärt, dass er an die Kesb gelangen wird, wenn die Kinder auf einer Antibiotika-Behandlung bestehen. Die Kesb werde so entscheiden, wie Sylvia K. entscheiden würde, wenn sie noch ansprechbar wäre.

PORTRÄT EINER EHEMALIGEN BEISTÄNDIN

«Ich gab mein Bestes»

Marianne Keller, Jahrgang 1956, ehemalige Berufsbeiständin, Meilen

Vor meiner Frühpensionierung arbeitete ich jahrelang im Kindes- und Erwachsenenschutzrecht – anfänglich galt noch das Vormundschaftsrecht, ab 2013 das Kindes- und Erwachsenenschutzrecht. Die Gesetzesrevision brachte grosse Veränderungen: Vieles konnte ich nicht mehr selber entscheiden, ich musste sehr häufig die Einwilligung der Kesb einholen. Oft war das mühsam: Zeit, die ich früher mit meinen Klienten verbracht hatte, musste ich nun hinter dem Computer verbringen. Dennoch denke ich, dass das neue Gesetz Verbesserungen brachte: Was ich tat und was ich für richtig befand, wurde nicht mehr von mir allein entschieden, sondern von mehreren Fachleuten kritisch unter die Lupe genommen.

Als Beiständin war ich verantwortlich dafür, dass die Kinder von zerstrittenen Paaren zu beiden Eltern einen guten Kontakt hatten. Ich hatte dafür zu sorgen, dass Kinder, die nicht bei ihren Eltern leben durften, in einer geeigneten Pflegefamilie leben konnten oder in einem guten Heim untergebracht waren. Doch fast immer musste ich als Beiständin von Kindern deren Eltern in Erziehungsfragen beraten. Als Beiständin für Erwachsene hatte ich viele Klienten und Klientinnen, die nicht auf der Sonnenseite des Lebens standen: psychisch Kranke, Einsame, geistig Beeinträchtigte, Reiche und Arme, die mit den täglichen Dingen des Lebens überfordert waren. Mein oberstes Ziel war stets, dass die Kinder, Jugendlichen, Erwachsenen, denen ich als Beiständin zugeteilt war, Vertrauen zu mir hatten. Dazu nahm ich mir immer viel Zeit. Wer vertraut schon einem Menschen, den er gar nicht kennt? Ein offenes

Ohr, Empathie, Respekt und Wertschätzung sind die Zutaten, die Vertrauen schaffen können. Zugute kam mir, dass ich mich nicht nur im Beruf, sondern auch privat für Menschen und ihre Vielfältigkeit interessiere. Ich denke, das war spürbar. Um Vertrauen zu schaffen, brauchte es zu Beginn meist einen intensiven Kontakt. Daher versuchte ich, anfangs regelmässige Termine zu vereinbaren, die dann seltener wurden, sobald ich merkte, dass die Menschen von sich aus zu mir kamen.

Es war mir wichtig, mein Bestes zu geben, als Bürgerin, als Sozialarbeiterin und als Mensch. Fehlentscheidungen hätten aber auch mir passieren können – wegen falscher Einschätzungen, ungenügender Informationen oder einfach, weil Entscheidungen oft schnell gefällt werden mussten und für die Reflexion wenig Zeit blieb. Doch als Beiständin lernt man, mit sensiblen Situationen umzugehen, sonst ist man für diese Aufgabe nur bedingt geeignet. Ich jedenfalls denke immer noch gern an meine Tätigkeit zurück.

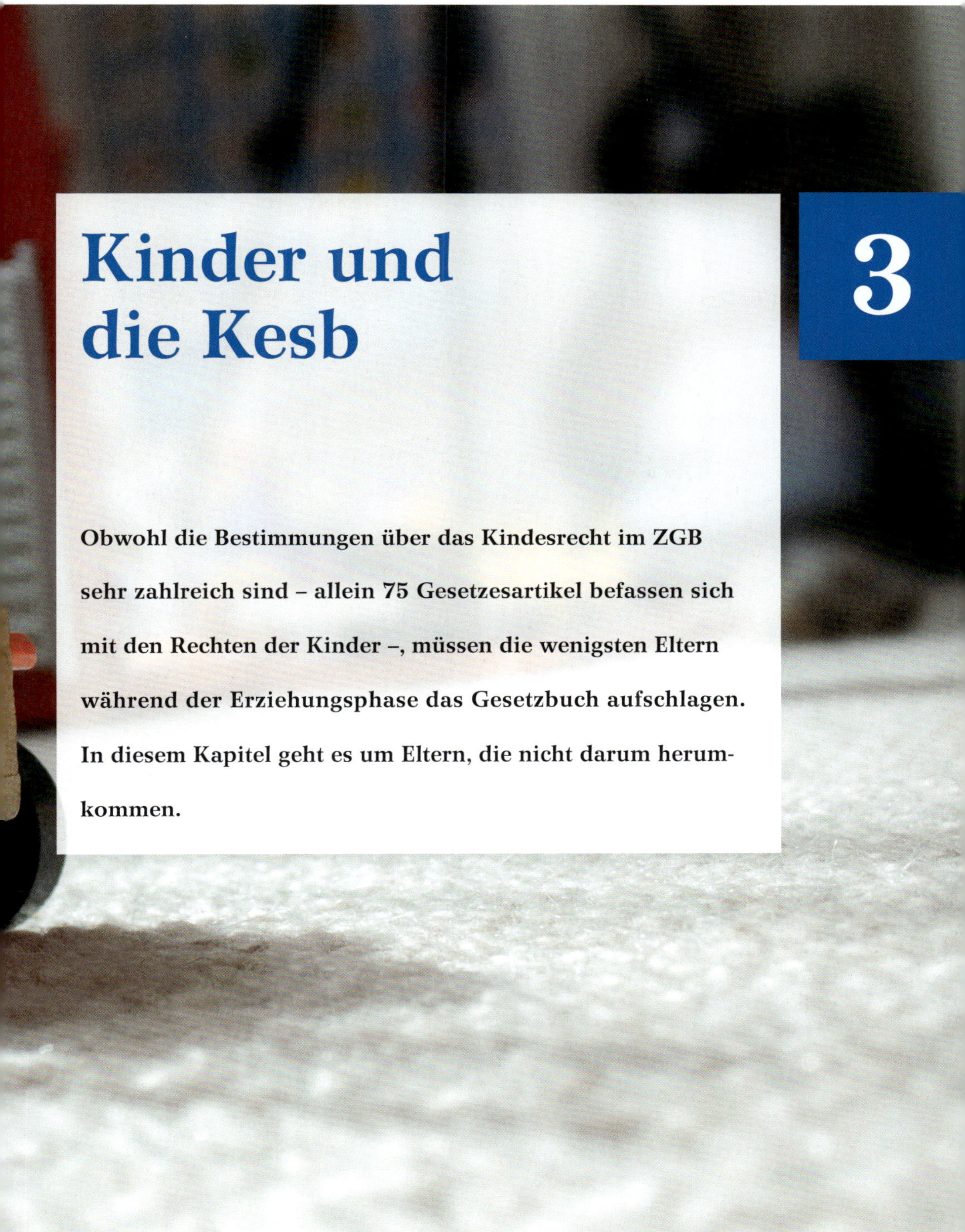

Kinder und die Kesb

3

Obwohl die Bestimmungen über das Kindesrecht im ZGB sehr zahlreich sind – allein 75 Gesetzesartikel befassen sich mit den Rechten der Kinder –, müssen die wenigsten Eltern während der Erziehungsphase das Gesetzbuch aufschlagen. In diesem Kapitel geht es um Eltern, die nicht darum herumkommen.

Kinder schützen

Wenn Eltern sich nicht um ihre Kinder kümmern, muss die Kesb – gelegentlich auch ein Gericht – Massnahmen ergreifen, damit das Kindeswohl geschützt ist und Gefährdungen verhindert werden. Infrage kommen verschiedene Massnahmen. Das Kind erhält zum Beispiel einen Beistand. Oder die Kesb bestimmt, dass es nicht mehr bei den Eltern leben kann, oder sie entzieht den Eltern gar die elterliche Sorge. Bei allen Massnahmen handelt es sich nicht um eine Sanktion oder Strafe – auch wenn dies oft so verstanden wird. Das Ziel ist vielmehr immer das Wohl des Kindes.

«... und wo bleibt das Kindeswohl?», fragen Eltern oft am Beratungstelefon des Beobachters, wenn sie mit einem Entscheid der Kesb nicht einverstanden sind. Zuvor haben sie diese Frage meist auch mit ihren Partnern und ihrem Umfeld besprochen. Doch was ist dieses Kindeswohl? Eine einheitliche Definition gibt es nicht (siehe Glossar). Auch die UN-Kinderrechtskonvention tut sich schwer mit dem Begriff, hat aber sechs «basic needs» (Grundbedürfnisse) aufgezählt, die sichergestellt sein müssen, damit das Kindeswohl gewährleistet ist.

Kindeswohl, die «basic needs»

Kinder und Jugendliche sind für ihre Entwicklung auf Schutz und Förderung angewiesen. Sie brauchen beständige und liebevolle Beziehungen, aber auch Grenzen und Strukturen. In erster Linie sind die Eltern verpflichtet, für die Grundbedürfnisse, die «basic needs», ihrer Kinder zu sorgen und deren Entwicklung zu fördern. Es geht um:

- Ernährung und Versorgung
- Erhaltung der Gesundheit
- Schutz vor Gefahren
- Zuwendung, Liebe, Akzeptanz
- Stabile Bindungen und soziale Beziehungen
- Vermittlung von Wissen, Bildung und Erfahrung

DIE GRUNDBEDÜRFNISSE EINES KINDES

So werden die Grundbedürfnisse gesichert

Das Beispiel von Liam und seiner alleinerziehenden Mutter zeigt, was es heisst, im Alltag für die Grundbedürfnisse eines Kindes zu sorgen:

LIAMS MUTTER MACHT ALLES RICHTIG Der zehnjährige Liam mag weder Gemüse noch sonst irgendwas, was seine Mutter kocht. Wenn es nach ihm ginge, würde er immer nur Schokolade, Pommes frites und Chicken-Nuggets essen. So geht das natürlich nicht. Die Mutter legt Wert auf eine **ausgewogene und gesunde Ernährung.**

Abends will der Junge nie ins Bett gehen und wenn er doch muss und zuvor die Zähne putzen soll, versucht er sich zu drücken – erfolglos. Der Junge braucht seinen Schlaf und unnötige Zahnbehandlungen sollen vermieden werden. Überhaupt: Der Kleine soll **gesund bleiben.**

WANN SIND DIE GRUNDBEDÜRFNISSE GEFÄHRDET?

Grundbedürfnis	Gefährdet, wenn ...
Ernährung und Versorgung	... das Kind sich falsch und einseitig ernährt; ... es hungern muss.
Erhaltung der Gesundheit	... keine Gesundheitsvorsorge besteht; ... notwendige Arztbesuche und Therapien nicht möglich sind; ... gesundheitsschädigende Genuss- und Suchtmittel zur Verfügung stehen; ... das Kind unregelmässig oder zu wenig Schlaf hat, stattdessen aber Stress ausgesetzt ist.
Schutz vor Gefahren	... das Kind materielle, emotionale und sexuelle Ausbeutung erfährt und Gewaltsituationen ausgesetzt ist; ... die Bezugspersonen ihre Aufsichtspflicht verletzen; ... untolerierbares Verhalten nicht in die Schranken gewiesen wird.
Zuwendung, Liebe, Akzeptanz	... das Kind nicht betreut wird; ... es Ablehnung, Gleichgültigkeit und Desinteresse erfährt; ... das Kind für die Interessen anderer instrumentalisiert wird; ... es Angst haben muss; ... es mit Konflikten anderer belastet wird und unnötige emotionale Konflikte ertragen muss.
Stabile Bindungen und soziale Beziehungen	... mehr instabile als stabile Beziehungen vorhanden sind; ... dem Kind gegenüber Feindseligkeit herrscht; ... es keine oder nur wenige Kontakte zu Gleichaltrigen hat und Bezugspersonen fehlen; ... Trennungsängste bestehen und das Kind von einschneidenden Kontaktabbrüchen traumatisiert ist; ... seine Abhängigkeit ausgenützt wird.
Vermittlung von Wissen, Bildung und Erfahrung	... die Kreativität des Kindes eingeengt wird; ... keine Vorbilder zugegen sind; ... das Kind nicht angeregt und gefördert wird und bei Lernzielen nicht unterstützt wird; ... keine Bildungs- und Ausbildungsmöglichkeiten bestehen; ... kindgerechtes Freizeitverhalten nicht möglich ist; ... das Kind Verantwortung übertragen bekommt, mit der es überfordert ist; ... ständig über seinen Kopf hinweg entschieden wird.

Wenn er so könnte, wie er will, würde Liam nicht in den Hort gehen, wenn seine Mutter arbeiten muss. Er würde seine freie Zeit am Computer verbringen und chatten. Damit er nicht mit den falschen Leuten in Kontakt kommt und keine Filme schaut, die für Kinder ungeeignet sind, installiert die Mutter die nötigen Kindersicherungen. Und dass er mit dem 16-jährigen Nachbarsjungen allein ein Wochenende ennet der Grenze verbringt, verbietet sie. Sie will ihren Sohn **vor Gefahren schützen.**

Manchmal kommt die Mutter an ihre Grenzen: Manchmal schaut der Junge sie an, als wäre sie die Hinterletzte. Neuerdings sagte der Vorpubertierende Worte, die sie zutiefst verletzten: «Hättest dir ja früher überlegen können, ob du ein Kind willst, wenn du so überfordert bist!» Liams Mutter begegnet ihrem Sohn trotzdem mit **Liebe und Akzeptanz.**

Schwierig wird es für die Mutter manchmal auch, wenn Liam zum Vater gehen soll. Gibt es nicht gute Gründe, warum sie nicht mehr mit ihrem Ex-Partner zusammen ist? Soll sie das Besuchswochenende absagen, weil Liam ja sowieso lieber am Computer sitzt? Nein, eigentlich ist der Ex ja ein guter Vater – wenn auch kein guter Partner mehr für sie. Eltern bleiben sie gemeinsam. Zudem trifft Liam bei seinem Vater seine Stiefgeschwister und alle anderen Verwandten. Seine Mutter legt Wert darauf, dass Liam **stabile Bindungen und soziale**

WEGZIEHEN MIT DEM KIND – WAS GEHT DAS DIE KESB AN?

Wer die elterliche Sorge für ein Kind innehat, bestimmt über seinen Wohnort. In der Regel haben die Eltern auch nach einer Trennung oder Scheidung die gemeinsame elterliche Sorge. Will dann zum Beispiel die Mutter mit dem Kind ins Ausland ziehen, braucht sie dafür die Zustimmung des mitsorgeberechtigten Vaters. Auch für einen Umzug innerhalb der Schweiz braucht es diese Zustimmung, wenn der neue Wohnort erhebliche Auswirkungen auf die Ausübung der elterlichen Sorge und das Besuchsrecht mit sich bringt.

Wenn sich die Eltern nicht gütlich einigen können, muss das Gericht am Wohnsitz eines der Elternteile entscheiden. Falls nur das künftige Besuchsrecht strittig ist, muss die Kesb diesen Punkt regeln.

Will ein allein sorgeberechtigter Elternteil mit dem Kind umziehen, muss er den anderen nur rechtzeitig informieren. Eine Zustimmung ist nicht nötig. ■

Beziehungen pflegen kann. Deshalb zieht sie auch nicht zu ihrem neuen Freund, denn der wohnt am anderen Ende der Schweiz: Der Vater, mit dem sie sich das Sorgerecht teilt, müsste erstens damit einverstanden sein (siehe Kasten auf der vorangehenden Seite) und zweitens will sie den Sohn nicht aus seinem vertrauten Umfeld reissen.

Wenn Liam nach den Vater-Wochenenden nach Hause kommt, sprudelt er manchmal vor Energie und Tatendrang. Nach einem Besuch im Sauriermuseum schwärmt er jetzt von Dinosauriern. Die Mutter schenkt ihm zum Geburtstag Bücher über Dinos, denn die **Vermittlung von Wissen und Bildung** ist ihr wichtig.

Wann ist es dem Kind wohl?

Wenn sich Eltern über Kindesbelange in den Haaren liegen, sind sie sich trotz Zwist in einem Punkt einig: Das Wohl des Kindes hat Vorrang. Diese Einigkeit bedeutet aber noch lange nicht, dass beide Eltern dasselbe meinen. Die Frage, was zum Wohl eines Kindes geschehen oder nicht geschehen soll, birgt Zündstoff. Weil es meist in der Natur der Sache liegt, dass Mutter und Vater das Kindeswohl unterschiedlich definieren, sind früher oder später oft auch Juristinnen, Pädagogen, Ärztinnen, Psychologen und die Kesb in den Streit involviert.

Dumm nur, dass sich häufig auch diese Fachleute nicht einig sind, was dem Kindeswohl dient: Was für die Juristin oberste Maxime ist, erachtet der Psychologe unter Umständen als irrelevant für die Entwicklung eines Kindes. Und was dem Lehrer oder der Kesb wichtig ist, beurteilen die Eltern vielleicht anders. So haben alle ihre eigene Sicht der Dinge. Für das Kindeswohl gibt es nämlich keine allgemeingültige Definition, die welt- oder landesweit für die gesamte Bevölkerung Gültigkeit hätte. Was einem Kind guttut, kann Gegenstand grosser Kontroversen sein.

Wie definieren denn die Kinder das Kindeswohl? Während für jüngere Kinder das Gefühl von Geborgenheit von zentraler Bedeutung ist und sie ihr Wohl aus der jeweiligen Situation oder aus einer Begebenheit heraus beschreiben, definieren es ältere differenzierter. Für sie stehen mehr Freiheiten, das von den Eltern entgegengebrachte Vertrauen und die Chance auf eine Berufsausbildung im Vordergrund.

Das Schweizerische Zivilgesetzbuch unterscheidet jedoch nicht zwischen grösseren und kleineren Kindern. Es sagt den Eltern nur, was sie auf dem 18 Jahre dauernden Weg bis zur Volljährigkeit des Nachwuchses zu tun haben: «Die Eltern leiten mit Blick auf das Wohl des Kindes seine Pflege und Erziehung und treffen unter Vorbehalt seiner eigenen Handlungsfähigkeit die nötigen Entscheidungen.» Wie sie das tun können, sagte die ehemalige Bundesrätin Ruth Dreifuss vor Jahren an einem Vortrag; sie definierte das Kindeswohl so: Es müssen die Voraussetzungen geschaffen werden, damit sich ein Kind psychisch, physisch, gefühlsmässig, geistig, sozial und kulturell entwickeln kann. Doch was heisst das konkret?

Beratung, Mahnung, Weisung – Massnahmen der Kesb

Selbstverständlich haben in erster Linie die Eltern die Pflicht, dafür zu sorgen, dass es ihrem Kind in körperlicher, psychischer, geistiger und sozialer Hinsicht an nichts mangelt. Wenn sie dieser Pflicht nicht nachkommen (können) und sich auch nicht die nötige Beratung holen, muss die Kesb «geeignete Massnahmen» treffen. Dieser mildeste Eingriff im Kindesschutz ist in Artikel 307 ZGB geregelt.

Mahnung und Beratung

Beratung und Mahnungen sind nur dann sinnvoll, wenn die Eltern einsichtig und in der Lage sind, ihr Verhalten den Bedürfnissen des Kindes anzupassen. In solchen Situationen kann die Kesb die Eltern – in Einzelfällen auch das Kind – ermahnen, das eine zu tun, anderes zu dulden, wieder anderes prinzipiell zu unterlassen.

Es liegt auf der Hand, dass die Kesb dabei auch die Konsequenzen aufzeigt, wenn die Mahnung ignoriert wird: nämlich eine schärfere Kindesschutzmassnahme.

TALENTE MÜSSEN GEFÖRDERT WERDEN Noahs Eltern halten überhaupt nichts davon, dass ihr Bub lieber Ballett als Fussball mag. Sie verbieten ihm, weiterhin Stunden zu nehmen – obwohl sich die Familie das problemlos leisten könnte und Noah ausserordentlich talentiert ist. Die Ballettlehrerin gelangt deshalb an die Kesb, worauf diese die Eltern zu einem Beratungsgespräch einlädt. Bei diesem Gespräch ermahnt die Mitarbeiterin der Kesb die Eltern, Noahs Hobby nicht nur zu dulden, sondern zu fördern.

EINEM KIND SCHRANKEN SETZEN Die dreizehnjährige Emma macht, was sie will. Ihre besorgte Grossmutter ist deshalb an die Kesb gelangt. Die Kesb sieht aber keinen grossen Handlungsbedarf, denn Emma befindet sich einfach mitten in der Pubertät und will ihre Grenzen ausloten. Die Eltern sind herausgefordert, aber nicht überfordert. Die Kesb erinnert Emma daran, dass sie unter der Woche spätestens um halb acht zu Hause sein soll und dass vor dem Vergnügen sowieso die Hausaufgaben kommen.

DEN ELTERN SCHRANKEN SETZEN Vermehrt kommt es vor, dass die Kesb die Persönlichkeitsrechte von Kindern schützen muss: Fotos der lieben Kleinen gehören nicht auf Facebook, Instagram und Twitter – es sei denn, diese sind alt genug, urteilsfähig und damit einverstanden. Uneinsichtige Eltern müssen manchmal von der Kesb daran erinnert werden, dass ihre kleinen Prinzen und Prinzessinnen keine «öffentlichen Personen» wie Königskinder sind.

Weisungen

Eine Weisung unterscheidet sich von einer Mahnung hauptsächlich durch den Tonfall. Statt Empfehlungen wie «Es wäre sinnvoll, wenn ...» oder «Zu beachten wäre, dass ...» erteilt die Kesb mit einer schriftlichen Weisung einen Befehl.

THERAPIE IST NÖTIG Der Schulpsychologe hat beim neunjährigen Elias eine Dyskalkulie und eine Legasthenie diagnostiziert. Eine geeignete Therapie könnte helfen und den Jungen unterstützen. Die Eltern halten die Diagnose für Blödsinn, von Therapie wollen sie erst recht nichts wissen. Die involvierte Kesb hält schriftlich fest: «Die Eltern von Elias, Margrit und Reto T., werden angewiesen, die angeordnete Therapie ihres Sohnes nicht zu boykottieren und stattdessen mit dem Therapeuten konstruktiv zusammenzuarbeiten. Sie haben dafür zu sorgen, dass Elias die vereinbarten Termine wahrnimmt.»

GEFÄHRLICHE REISEN VERHINDERN Lucianos Vater will in den nächsten Ferien mit seinem Sohn in ein Land reisen, in dem Bürgerkrieg herrscht. Die Mutter, die getrennt von ihm lebt, ist gegen dieses Vorhaben und gelangt schliesslich an die Kesb. Auch diese kann die Pläne des Vaters nicht gutheissen: Luciano braucht täglich Medikamente. Das Kindeswohl wäre wegen mangelnder medizinischer Versorgung und kriegerischer Zustände am Reiseziel ernsthaft gefährdet. Dem Vater wird die Reise untersagt und er muss den Pass seines Sohnes hinterlegen.

EINBLICK IN DIE FAMILIENSITUATION BEKOMMEN Wenn die linke Hand nicht weiss, was die rechte tut, wird es in aller Regel schwierig: Damit Maras Lehrerin auf die Bedürfnisse ihrer Schülerin besser eingehen kann, will sie sich mit der sozialpädagogischen Familienbegleiterin austauschen können. Die Eltern sind dagegen, denn sie finden, dass Schule und Familienleben nichts miteinander zu tun haben. Die Kesb sieht das anders und beschliesst, dass die Lehrerin von der Familienbegleiterin stets Auskunft über die aktuelle Familiensituation erhält.

AUS DER BEOBACHTERPRAXIS

Wer bestimmt das Ferienziel?

«Meine Ex-Frau und ich haben für unseren Elfjährigen das gemeinsame Sorgerecht. Sie will nicht, dass ich mit ihm in Ägypten tauchen gehe. Brauche ich ihre Zustimmung?»

Jein. Grundsätzlich nicht – denn trotz gemeinsamer elterlicher Sorge kann jeder Elternteil allein entscheiden, wo und mit wem er die Ferien mit seinem Kind verbringt und was er dort tut. Aber: Falls Sie vorhaben, in ein Risikogebiet zu fahren, oder wenn Sie gefährliche Aktivitäten planen, brauchen Sie die Zustimmung der Mutter. Und falls Sie diese nicht bekommen, gibt es keine Streitschlichtungsstelle.

In einer solchen Situation könnte die Mutter bei der Kesb eine Gefährdung des Kindeswohls geltend machen. Dann müsste die Behörde das überprüfen und allenfalls die nötigen Massnahmen ergreifen. Zum Beispiel Ihnen die geplante Reise oder bestimmte Aktivitäten am Ferienort verbieten.

Allerdings: Wenn Sie sich über die befürchtete Ablehnung der Mutter hinwegsetzen und einfach nach Ägypten fliegen, gibt es im Nachhinein aus Sicht des Beobachter-Beratungsteams keinerlei Sanktionsmöglichkeiten.

Ein Beistand für das Kind

Während es für Erwachsene vier verschiedene Beistandschaften gibt, von denen drei miteinander kombiniert werden können (siehe Seite 119), gibt es für Kinder nur eine Beistandschaft (Art. 308 ZGB).

Wenn nötig ernennt die Kesb dem Kind einen Beistand, der die Eltern in ihrer Sorge um den Sohn, die Tochter mit Rat und Tat unterstützt. Voraussetzung für eine solche Ernennung ist, dass die milderen Massnahmen – Beratung, Mahnung und Weisung (siehe Seite 87) – nicht möglich sind oder dass sie von vornherein als zu milde eingestuft werden. Möglich ist auch, dass die Kesb zuerst eine Weisung erlassen hat, diese dann aber nicht zum gewünschten Resultat führt. Eine Beistandschaft muss immer dann eingerichtet werden, wenn eine konkrete Gefährdung des Kindeswohls besteht – es kommt nicht darauf an, ob die Eltern an der Situation schuld sind oder nicht.

Die Kesb kann der Beiständin oder dem Beistand auch bestimmte Rechte und Befugnisse übertragen und sie kann sogar das Entscheidungsrecht der Eltern einschränken.

INFO *Das Gesetz nennt eine Beistandschaft für Kinder einfach «Beistandschaft». Umgangssprachlich verwendet man hingegen häufig «Erziehungsbeistandschaft». Selbst Juristen benützen manchmal diesen Begriff. Das ist verwirrend, weil viele Aufgaben einer Beistandsperson für ein Kind gar nichts mit pädagogischen Fragen zu tun haben. Zum Beispiel wenn die Aufgabe der Beiständin darin besteht, ein Kind bei der Feststellung der Vaterschaft, bei der Regelung seines Unterhalts oder der Durchsetzung eines Erbanspruchs zu vertreten.*

Rat und Tat von der Beiständin

Eine Beiständin hat die Aufgabe, die Eltern in ihrer Sorge um das Kind zu begleiten und zu beraten. Sie unterstützt die Eltern in ihrer Verantwortung und bei ihren Pflichten. In welchen Bereichen diese Begleitung nötig ist, hält die Kesb in einer Verfügung fest. In diesen Bereichen hat die Beiständin das Recht auf Einsicht in Unterlagen, auf die nötigen Informationen und auf Auskunft. Nur so kann sie die Eltern in der Erziehung anleiten und Empfehlungen abgeben.

SOZIALPÄDAGOGISCHE FAMILIENBEGLEITUNG Leandro ist 13 und macht, was er will. Er nimmt sich alle Freiheiten und findet, dass seine Pflichten nur lästig seien. Die Schule schwänzt er meist. Von Mutter und Vater lässt er sich schon lange nichts mehr sagen. Statt mit ihnen zu reden, schlägt er zu. Sein Beistand trifft den Jungen regelmässig, lädt die ganze Familie zu Gesprächen ein und stellt mit ihnen verbindliche Regeln auf, was daheim gelten soll: Ämtli, Verhaltensregeln, Ausgangszeiten, Taschengeld. Eine Weile lang geht das ganz gut. Dann aber boykottiert Leandro alle vereinbarten Regeln. Deshalb kommen die Eltern, Leandro und der Beistand zum Schluss, dass der Junge vorübergehend einen Monat lang bei seiner Patin wohnt. In der Zwischenzeit organisiert der Beistand eine sozialpädagogische Familienbegleitung.

VIEL ZU STRENGE ELTERN Die Eltern der 15-jährigen Annamaria sind überfürsorglich und viel zu streng. Ständig befürchten sie, dass ihrer Tochter etwas zustossen könnte oder dass sie mit den falschen Leuten in Kontakt kommen könnte. Ausgang gibt es deshalb nie, Taschengeld schon gar nicht. Statt nach der Schule eine Lehre zu machen, soll Annamaria im Laden der Eltern mithelfen. Die von der Kesb eingesetzte Beiständin erklärt den Eltern die Bedürfnisse einer 15-Jährigen, legt den Ausgang fest und regelt die Frage des Taschengelds. All dies hält sie schriftlich fest, und sie überwacht, ob sich die Eltern an die Abmachungen halten.

Besondere Befugnisse des Beistands

Die Kesb kann dem Beistand besondere Kompetenzen erteilen; er ist dann zum Beispiel befugt, eine Vaterschaftsklage einzureichen, einen Unterhaltsanspruch durchzusetzen oder einen Lehrvertrag abzuschliessen. Die Kesb kann den Beistand mit einer ganzen Palette von solch «besonderen Befugnissen» beauftragen. Möglich ist beispielsweise, dass er den Auftrag bekommt, eine angeordnete Fremdplatzierung (siehe nächste Seite) vorzunehmen, die Finanzierung einer Platzierung zu regeln, eine nötige Therapie zu sichern, versicherungsrechtliche oder erbrechtliche Ansprüche geltend zu machen.

Bei Streitigkeiten rund um das Besuchsrecht kann die Kesb einen Beistand auch beauftragen, die Über- und Rückgabe der Kinder zu überwachen (siehe Seite 106).

BEISTÄNDIN UNTERSCHREIBT DEN LEHRVERTRAG Annamarias Eltern (siehe Beispiel auf der vorangehenden Seite) sind mittlerweile nicht mehr strikt dagegen, dass ihre Tochter eine Lehre macht. Sie wollen aber auch nichts dafür tun. Deshalb weigern sie sich, den Lehrvertrag zu unterschreiben. Die Kesb erteilt der Beiständin die Kompetenz, den Lehrvertrag zu unterschreiben – etwas, was eigentlich in die Kompetenz der Eltern fällt.

BEISTAND KLÄRT DEN UNTERHALT FÜR DAS KIND Jolanda G. ist ungewollt schwanger geworden. Ihr Freund drängt auf Abtreibung, was für die junge Frau nicht infrage kommt. «Soll sie das Kind halt haben, aber ohne mich», sagt er sich und macht sich aus dem Staub. Zudem bezweifelt er, dass er überhaupt der Vater ist. Die Kesb setzt einen Beistand ein, der mit dem Vater einvernehmlich zu regeln versucht, dass dieser die Vaterschaft auf dem Zivilstandsamt anerkennt – schliesslich sieht man von Weitem, dass er der Erzeuger ist. Weil sich der Vater weigert, reicht der Beistand im Auftrag der Kesb eine Vaterschaftsklage ein und regelt alle Fragen des Unterhalts. Mit Erziehungsfragen hat er sonst nichts zu tun. Sobald die Vaterschaft und die Unterhaltsfragen geregelt sind, kann die Beistandschaft wieder aufgehoben werden.

BEISTAND ERMÖGLICHT ÄRZTLICHE HILFE Malaika T. bezeichnet sich als Schamanin. Ihrer Tochter, die mit einem Geburtsfehler zur Welt gekommen ist und deshalb dringend auf Medikamente angewiesen ist, verweigert sie jegliche ärztliche Hilfe. Malaika T. ist überzeugt, dass kosmische Kräfte und homöopathische Kügelchen ihre Tochter heilen werden. Dem ist leider nicht so. Die Kesb beschliesst deshalb, dass ein Beistand dafür zu sorgen hat, dass das Mädchen die nötige ärztliche Hilfe bekommt.

Das Kind erbt – ein Fall für die Kesb?
Wenn ein Vater oder eine Mutter stirbt, erhält der hinterbliebene Elternteil schon bald nach dem Tod einen Brief von der Kesb. «Stirbt ein Elternteil, so hat der überlebende Elternteil der Kindesschutzbehörde ein Inventar über das Kindesvermögen einzureichen», heisst es im Gesetz (Art. 318 ZGB). Als ob man nach dem Tod des Partners, der Partnerin nicht schon genug mit Ämtern und Behörden zu tun hätte. «Schlimm genug, dass die Kinder Halbwaisen sind – jetzt auch noch das!», bekommen die Berater und Beraterinnen im Beobachter in solchen Situationen immer wieder zu hören.

Nach dem Tod eines Elternteils bilden der andere Elternteil und die gemeinsamen Kinder in der Regel eine Erbengemeinschaft. Auch wenn beispielsweise die Grosseltern ihre Enkel als Erben eingesetzt haben, sind Eltern und Kinder zusammen in der gleichen Erbengemeinschaft. Der Elternteil, der Miterbe ist und das Kindesvermögen schützen muss, steht in einem klassischen Interessenkonflikt.

In solchen Situationen ist die Kesb gesetzlich verpflichtet, für das Kind einen Beistand einzusetzen, der seine Interessen in Bezug auf die Abwicklung der Erbschaft wahrnimmt. Dies ist selbst dann der Fall, wenn der überlebende Elternteil Anwalt, Treuhänderin oder sonst eine fähige und vertrauenswürdige Person ist. Nur wenn das Nachlassvermögen minimal klein ist, kann die Kesb von einer Beistandschaft absehen. Sobald das Erbe geteilt ist, wird die Kesb die Beistandschaft aufheben, weil das Kindsvermögen von Gesetzes wegen geschützt ist. Je nach Höhe des Vermögens und je nach den persönlichen Verhältnissen der Eltern kann die Kesb periodische Rechnungsstellung und Berichterstattung verlangen. So oder so kann das Kind, sobald es volljährig ist, frei über das ihm zustehende Vermögen verfügen.

Fremdplatzierung: die Aufhebung des Aufenthaltsbestimmungsrechts

Die Aufhebung des Aufenthaltsbestimmungsrechts nannte man früher «Obhutsentzug». Dieser Begriff ist immer noch gebräuchlich, wenn auch veraltet. Wenn den Eltern das Bestimmungsrecht über den Aufenthalt des Kindes entzogen wird, können sie nicht mehr selber entscheiden, wo ihr

ENTSCHEIDET EIN BEISTAND ÜBER ALLE BELANGE?

«Stirbt oder verunfallt ein junger Familienvater, kann die Kesb für die Kinder einen Berufsbeistand einsetzen, mit dem sich die Mutter bis zur Volljährigkeit der Kinder arrangieren muss. Diese fremde Person entscheidet über alle Belange der Kinder mit.»

Der Check: Wenn ein Familienvater verunfallt, schaltet sich die Kesb kaum ein. Es sei denn, der Vater hat die alleinige elterliche Sorge und wird diese wegen seines Unfalls nie mehr ausüben können. Eine solche Konstellation dürfte bei verheirateten Eltern aber äusserst selten, wenn nicht überhaupt nie der Fall sein.

Wenn hingegen ein Elternteil stirbt, muss die Kesb einen Beistand einsetzen. Ein solcher Beistand hat mitnichten über alle Belange der Kinder zu entscheiden. Er vertritt sie nur in der Erbangelegenheit und nur so lange, bis die Erbschaft geteilt ist. Mit pädagogischen Fragen und der Kindererziehung hat er nichts zu tun.

Je nach Höhe der mithilfe des Beistands geteilten Erbschaft kann die Kesb nach der Erbteilung auch periodische Rechnungsstellung und Berichterstattung über das Kindesvermögen verlangen. Das wird sie aber nur tun, wenn ohne diese Massnahme keine Gewähr für die Erhaltung des Vermögens besteht. Es müssen also konkrete Hinweise vorhanden sein, dass Eltern mit der Verwaltung des Kindsvermögens überfordert sind (etwa wegen Unerfahrenheit oder eigener finanzieller Bedrängnis).

Kind lebt. Dies ist dann Sache der Kesb. Die Kesb entscheidet, ob das Kind bei Verwandten, bei Pflegeeltern oder in einem Heim leben soll (oder sie delegiert den Entscheid an die Beiständin).

Auch wenn die Eltern nicht mehr bestimmen können, wo ihr Kind leben soll, bleiben sie seine gesetzlichen Vertreter und verwalten sein Vermögen. Sie haben ein Kontakt- und Besuchsrecht, sofern nicht wichtige Gründe dagegen sprechen. Ausserdem müssen sie weiterhin für den Unterhalt ihres Kindes aufkommen. Zu diesem Unterhalt gehören auch die Kosten für eine Fremdplatzierung – selbst wenn die Eltern gegen die Platzierung sind und auch wenn sie den Vertrag mit dem Heim oder der Pflegefamilie nicht unterschreiben. Weil eine solche Platzierung meist sehr kostspielig ist, kann aber in den meisten Fällen von den Eltern höchstens eine Kostenbeteiligung verlangt werden. Den Rest übernimmt der Staat – die Eltern werden allerdings rückerstattungspflichtig, wenn sie später zu Vermögen kommen.

Die Aufhebung des Aufenthaltsbestimmungsrechts ist ein massiver Eingriff in die Rechte der Eltern. Sie ist deshalb nur gerechtfertigt, wenn das Wohl des Kindes schwerwiegend gefährdet ist und eine mildere Massnahme gescheitert ist oder von vornherein als unzureichend eingestuft werden muss.

EIN KIND BRAUCHT SICHERHEIT In der psychiatrischen Klinik hat man festgestellt, dass die 25-jährige Jessica A. im fünften Monat schwanger ist. Sie selbst hat dies nicht gemerkt – unter anderem wegen ihrer Drogensucht und ihrer psychotischen Schübe. Was nun? Jessica A. und ihre alkoholkranke Mutter sind felsenfest davon überzeugt, dass sich alles ändern wird, wenn das Baby erst einmal auf der Welt ist. Ein Kind gehört doch zu seiner Mutter! Die von der Kesb zurate gezogenen Fachleute sehen das anders: Probleme, die über Jahre entstanden sind, können nicht von einem Tag auf den andern gelöst werden. Die Kesb ordnet deshalb noch vor der Geburt einen Entzug des Aufenthaltsbestimmungsrechts an.
Gleich nach der Geburt wird das Neugeborene in einem für solche Fälle spezialisierten Kleinkinderheim platziert. Eine Beiständin erhält die Kompetenzen und Aufgaben, die in anderen Fällen von den Eltern ausgeübt werden. Jessica A. behält aber das Sorgerecht und kann ihr Kind selbstverständlich besuchen und mit ihm Kontakt haben.

KEINE ELTERLICHEN KOMPETENZEN Manuela und Jürg O. (siehe Beispiel auf Seite 29) verweigern das Gespräch mit den Kesb-Mitarbeitern, ebenso mit der Psychologin, die mit Abklärungen beauftragt worden ist. Die beiden schimpfen und fluchen und lassen ihrem Ärger über die «Stasibehörde Kesb» auf Facebook freien Lauf. Facebook ist ihr einziger Draht zur Aussenwelt. Weil die Eltern uneinsichtig sind und ihre zwei Söhne bloss als ein bisschen speziell, nicht aber als verwahrlost wahrnehmen, werden die Buben in einem Heim platziert. Das Verhalten der Kinder, die keinerlei Grenzen kennen, würde jede Pflegefamilie sprengen.

ALLES WIE DAMALS?

«Die Kesb nimmt den Eltern die Kinder weg wie damals. Man denke nur an die ‹Kinder der Landstrasse›.»

Der Check: Das Hilfswerk «Kinder der Landstrasse» nahm einer ganzen Bevölkerungsgruppe, den Jenischen, die Kinder weg. Das tut die Kesb nicht. Voraussetzung für eine Aufhebung des Aufenthaltsbestimmungsrechts ist immer die Gefährdung des Kindeswohls in einem konkreten Fall – nicht die Zugehörigkeit zu einer bestimmten Bevölkerungsgruppe. Ausserdem: Mittlerweile gibt es das UNO-Übereinkommen über die Rechte des Kindes. Die Kesb hält sich an dieses Übereinkommen, das von der Schweiz 1997 ratifiziert wurde.

Das Sorgerecht entziehen

Das Sorgerecht kann den Eltern gestützt auf Artikel 311 ZGB zwangsweise entzogen werden. Wenn Eltern diese Massnahme selber beantragen oder wenn sie ihr Kind zur Adoption freigeben, ist dies in Artikel 312 ZGB geregelt.

Gegen ihren Willen kann Eltern das Sorgerecht nur dann entzogen werden, wenn sie keinerlei elterliche Qualitäten haben. Damit ist gemeint, dass sie sich wegen Unfähigkeit, Unerfahrenheit oder wegen einer Krankheit nicht um ihre Kinder kümmern können – oder dass sie ihre Elternpflichten grob verletzt haben, ihre Kinder missbraucht, misshandelt oder vernachlässigt haben. Wird beiden Eltern das Sorgerecht entzogen, erhält das Kind einen Vormund (siehe Seite 98). Diese Person amtet dann anstelle der Eltern als gesetzlicher Vertreter des Kindes.

Eltern, denen das Sorgerecht zwangsweise entzogen wurde, verlieren ihre Elternrechte. Sie werden aber über besondere Ereignisse im Leben ihres Kindes informiert und können mit ihm auch Kontakt haben, sofern dies mit dem Kindeswohl vereinbar ist. Trotz Sorgerechtsentzug bleiben die Eltern unterhaltspflichtig.

Die elterliche Sorge wird Eltern nur äusserst selten entzogen, weil sich das Kindeswohl in der Regel mit weniger einschneidenden Massnahmen sicherstellen lässt. Aus diesem Grund sind dem Beobachter-Beratungszentrum kaum Fälle bekannt. Nur dieser:

FREIWILLIG AUFS SORGERECHT VERZICHTEN Am Beratungstelefon fragte eine Mutter den Berater, wie lange sie eigentlich für ihr Kind aufkommen müsse. Die Antwort: Eltern sind unterhaltspflichtig bis zur Volljährigkeit des Kindes. Wenn es dann noch keine angemessene Ausbildung abgeschlossen hat, dauert die Unterhaltspflicht weiter. Nicht weil der Berater so neugierig war, sondern weil er die Mutter umfassend beraten wollte, fragte er nach dem Grund der Frage. Das sei eine lange Geschichte, sagte die Frau am Telefon – kurz zusammengefasst: Sie habe nie Kinder gewollt. Aus Versehen sei sie doch schwanger geworden. Eine Abtreibung sei für sie nicht infrage gekommen. Sie werde da schon hineinwachsen, habe sie gedacht. Das sei aber nicht passiert. «Ich weiss, ich bin eine Rabenmutter, denn ich mag mein Kind nicht riechen. Ich kann mit ihm nichts anfangen. Seit drei Jahren ist jede Minute, in der ich mich mit ihm beschäftigen muss, verlorene Zeit für mich. Wenn es heute sterben würde, würde ich husch eine Beerdigung organisieren und wäre endlich wieder frei. Halten Sie mich für einen schlechten Menschen?» Gut möglich, dass diese Mutter nach dem Telefongespräch die Kesb aufsuchte und dass ihr das Sorgerecht mit ihrem Einverständnis entzogen wurde.

WANN IST EIN KIND VERNACHLÄSSIGT?

Eltern sind verpflichtet ihre Kinder zu beaufsichtigen. Einen Säugling sich selbst zu überlassen, kann innert Stunden tödlich enden. Bei Schulkindern ist dies nicht der Fall. Sie können und sollen nicht rund um die Uhr lückenlos beaufsichtigt werden. Wie viel Aufsicht nötig ist, ist individuell. Es gibt keine Alterslimite, ab wann man ein Kind allein zu Hause lassen kann. Dies hängt davon ab, ob das Kind schon fähig ist, über eine gewisse Zeitspanne allein zu sein, ohne sich selbst zu gefährden oder Dummheiten anzustellen. Es kommt darauf an, ob es die Regeln einhalten kann, die die Eltern mit ihm abmachen.

Ein normal entwickeltes zehnjähriges Mädchen, das mal allein einen Abend zu Hause verbringt, im Notfall zu den Nachbarn gehen oder die Eltern anrufen kann, ist kein Fall für die Kesb. Sehr wohl aber ein Baby, das ohne Babyfon während Stunden sich selber überlassen wird. ■

Ein Vormund für das Kind

Nach der Revision des Vormundschaftsrechts wurde der Begriff «Vormund» aus dem Erwachsenenschutzrecht gestrichen – nicht aber aus dem Kindesrecht. Der Gesetzgeber wollte eine Konfusion mit der Beistandschaft gemäss Artikel 308 ZGB vermeiden.

Immer dann, wenn ein Kind nicht unter elterlicher Sorge steht, ernennt ihm die Kesb deshalb einen Vormund. Anders als in anderen Ländern ist es nicht möglich, dass Verwandte oder Angehörige ein Sorgerecht erhalten. Das Sorgerecht kann nur von Eltern ausgeübt werden. Hier die verschiedenen Situationen:

- Üben die Eltern die elterliche Sorge gemeinsam aus und stirbt ein Elternteil (oder wird umfassend verbeiständet), steht die alleinige elterliche Sorge dem anderen Elternteil zu.
- Stirbt ein Elternteil (oder wird umfassend verbeiständet), dem die elterliche Sorge allein zustand, kommt die Kesb ins Spiel. Sie überträgt die elterliche Sorge auf den überlebenden Elternteil – sofern dies im Interesse des Kindes ist. Wenn der andere Elternteil aber keinerlei elterliche Qualitäten hat, bestellt die Kesb dem Kind einen Vormund.
- Wird einem Elternteil das Sorgerecht entzogen, dem die elterliche Sorge allein zustand, überträgt die Kesb die elterliche Sorge auf den anderen Elternteil, wenn dies dem Wohl des Kindes dient. Wenn nicht, erhält das Kind einen Vormund.
- Ist die Mutter minderjährig oder steht sie unter umfassender Beistandschaft (siehe Seite 135), weist die Kesb die elterliche Sorge dem Vater zu – sofern er volljährig ist – oder bestellt dem Kind einen Vormund. Auch in diesem Fall muss die Behörde abklären, was zur Wahrung des Kindeswohls besser geeignet ist.
- Sterben beide Eltern (oder werden beide umfassend verbeiständet), erhält das Kind einen Vormund. Dasselbe gilt, wenn beiden Eltern das Sorgerecht entzogen wird.
- Auch Findelkinder erhalten einen Vormund.

Der Vormund eines Kindes muss kein Amtsvormund sein, der das Kind bis anhin gar nicht kannte. Genauso gut kann ein Onkel, die Grossmutter oder eine Freundin der Familie die Vormundschaft übernehmen, sofern sie sich für diese Aufgabe eignen. Die Eltern können ihre Wünsche dazu äussern (siehe Muster im Anhang). Wer Vormund wird, entscheidet aber die Kesb.

Ein Vormund hat die gleichen Rechte wie Eltern – aber nicht die gleichen Pflichten: Finanziell muss er für das Kind nicht aufkommen. Er hat aber dafür zu sorgen, dass es dem Kind an nichts mangelt, dass das Kindeswohl immer gesichert ist und für seinen Unterhalt gesorgt ist. Ob das Kind bei einer Pflegefamilie oder bei ihm selber aufwächst, entscheidet der Vormund in aller Regel ohne die Kesb.

Welche Pflichten haben Gotte und Götti?

Die Tradition, dass fast alle Kinder einen Götti und eine Gotte haben, stammt aus der christlichen Religion, wo die Paten als Zeugen für die Taufe amten und mit dem Patenamt die «Aufgabe übernehmen, das Kind zu begleiten, die Eltern in der Erziehung des Kindes zum evangelischen Glauben zu unterstützen und ihm nötigenfalls beizustehen» (Kirchenordnung der evangelisch-reformierten Landeskirche Zürich). Ähnliches kennt auch die katholische Kirche.

Heute haben Götti und Gotte weder Pflichten noch Rechte – sie müssen beim Tod der Eltern nicht für die Kinder sorgen. Was sie tun oder nicht tun, ist vielmehr eine moralische, emotionale und allenfalls eine religiöse Frage, die in Absprache mit den Eltern zu definieren ist.

INFO *Die Kesb kann, sollten beide Eltern sterben, den Götti oder die Gotte als Vormund einsetzen, wenn dies die Eltern gewünscht haben (siehe Musterbrief im Anhang).*

AUS DER BEOBACHTERPRAXIS

Minderjährig und schwanger – was macht die Kesb?

«Ich bin 17 und schwanger. Mein Freund, der Vater des Kindes, ist ebenfalls 17. Wir wollen heiraten und das gemeinsame Sorgerecht für unser Kind haben. Was können wir tun?»

Mit der Heirat müssen Sie warten, bis Sie beide 18 sind. Das gilt selbst dann, wenn Ihre Eltern und die Eltern des Freundes mit der Vermählung einverstanden sind.

Falls das Baby vor Ihrem 18. Geburtstag auf die Welt kommt, ist auch die gemeinsame elterliche Sorge noch nicht möglich. Das Kind erhält dann vorübergehend einen von der Kesb eingesetzten Vormund. Dieser amtet als gesetzliche Vertretung des Kindes, bis Sie 18 Jahre alt sind.

Ihr Freund kann das Kind auf dem Zivilstandsamt anerkennen. Solange er minderjährig ist, müssen allerdings seine Eltern als gesetzliche Vertreter zustimmen. Wenn Sie beide dann mit 18 Jahren heiraten, erhalten Sie automatisch die gemeinsame elterliche Sorge.

Wie lange dauern Kindesschutzmassnahmen?

Eine Kindesschutzmassnahme bleibt so lange bestehen, wie sie nötig ist. Wenn sich die Verhältnisse ändern, sind die Massnahmen anzupassen oder aufzuheben. Einige Beispiele:

- Wenn ein Besuchsrecht nach einer Weile auch ohne den Besuchsrechtsbeistand klappt, wird die Kesb die Massnahme aufheben.
- Ebenso kann eine Beistandschaft aufgehoben werden, wenn weder Rat noch Tat der Beiständin mehr nötig ist, weil die Eltern wieder gut für das Kind sorgen.
- Auch Beistandschaften, die einzig und allein eingerichtet wurden, um Unterhaltsfragen zu klären, müssen aufgehoben werden, wenn der Unterhalt geregelt ist. Dasselbe gilt, wenn für eine Erbangelegenheit eine Beistandschaft errichtet wurde und das Erbe geteilt ist.
- Wurde die elterliche Sorge entzogen, darf sie in keinem Fall vor Ablauf eines Jahres wiederhergestellt werden.

Jede Kindesschutzmassnahme wird aber automatisch aufgehoben, sobald das Kind volljährig ist, also den 18. Geburtstag erreicht hat.

«Ich weiss nicht alles besser»

Anonym*, Jahrgang 1976

Ich könnte jene Beiständin sein, die in einen der Fälle involviert war, die in der Vergangenheit für massive Schlagzeilen gesorgt haben. Ich könnte die Beiständin sein, die einen Knaben in einer Pflegefamilie platzierte, weil dessen Mutter wegen Kindsmisshandlung verurteilt worden war – zu Unrecht, wie ein Gericht später feststellte. Möglich wäre auch, dass ich den Fall sehr gut kenne, in dem eine prominente Mutter mit ihrem Ex-Mann um das Besuchsrecht der Kinder stritt. Ja, ich könnte auch die Beiständin der Kinder gewesen sein, die von ihrer Mutter getötet wurden. Doch ich kenne diese Fälle zum Glück nur aus den Medien. Wäre es anders, hätte ich eine Schweigepflicht.

Nach der Matur machte ich ein Praktikum in einem Kinderheim und hatte viel mit Beiständen zu tun, die kaum je Zeit hatten. Das kann man doch besser machen, dachte ich mir. Deshalb entschied ich mich, an einer Hochschule Soziale Arbeit zu studieren und anschliessend im Kindesschutz tätig zu sein.

Als Beiständin führe ich viele sogenannte Erziehungsbeistandschaften. Fast bei jedem Erstgespräch kommen die Eltern mit grossen Vorurteilen zu mir. Diese versuche ich abzubauen, indem ich immer ehrlich und offen bin, sämtliche Informationen

---

*Dieses Porträt ist anonym, weil der Arbeitgeber der Beiständin nicht einverstanden war, dass der Text so erscheint.

transparent mache und den Eltern zeige, dass ich nicht diejenige bin, die alles besser weiss. Schliesslich kennen die Eltern ihre Kinder ja meist am besten. Es geht darum, dass ich gemeinsam mit ihnen herausfinde, was das Beste für die Entwicklung des Kindes ist und welche Unterstützung es dafür braucht. Dafür nehme ich mir viel Zeit.

Manchmal ist es für die Eltern hilfreich, wenn sie wissen, dass ich selber Kinder habe. Diese Tatsache macht mich aber nicht zu einer besseren Beiständin. Als Beiständin muss ich mich schliesslich mit juristischen, psychologischen und pädagogischen Fragen auskennen und darf nicht einfach als Mutter argumentieren. Wenn ein Fall von mir einmal in den Medien landen würde, muss ich mir sagen können, dass ich nach bestem Wissen und Gewissen gearbeitet habe.

Sorgerecht, Alimente, Besuchsrecht – Streit ums Kind

Wenn Eltern auseinandergehen – egal ob sie verheiratet sind oder nicht –, ist dies auch für die Kinder ein einschneidendes Erlebnis. Umso schlimmer, wenn die Eltern so sehr in ihren Zwist verstrickt sind, dass sie die Interessen ihrer Kinder nicht mehr wahrnehmen können oder sogar versuchen, die Kinder zu instrumentalisieren. Wenn der Streit der Eltern das Kindeswohl gefährdet, muss die Kesb eingreifen.

Auch wenn Paare in Trennung ihre Elternpflichten wahrnehmen und die Fragen rund um elterliche Sorge, Besuchsrecht und Kinderalimente gemeinsam regeln, haben die Behörden ein Wörtchen mitzureden – je nach Situation die Kesb oder ein Gericht. Ist die Kesb zuständig, ist es diejenige, die für den Wohnort des Kindes zuständig ist. Wenn hingegen ein Gericht zuständig ist, besteht in der Regel ein Wahlrecht zwischen dem Gericht am Wohnort des Vaters und demjenigen am Wohnort der Mutter (Art. 23 ff. ZPO, Art. 275 und 315 ZGB).

Konflikte rund ums Besuchsrecht

«Der Vater und die Mutter haben alles zu unterlassen, was das Verhältnis des Kindes zum anderen Elternteil beeinträchtigt», steht im ZGB. Es gilt auch der Umkehrschluss: Eltern haben alles zu tun, was das Verhältnis des Kindes zum anderen Elternteil fördert. Bei Besuchsrechtsfragen tun das aber viele Eltern nicht. Sie tolerieren und akzeptieren, wenn das Kind keinen Kontakt mehr zum anderen Elternteil will. Manchmal drängen sie es sogar dazu, den Kontakt abzubrechen. Sie argumentieren dann mit dem Kindeswohl: Es könne doch nicht zum Wohl des Kindes sein, wenn man es gegen seinen Willen zum anderen Elternteil schicke.

Hand aufs Herz: Was würde ein verantwortungsvoller Vater, eine verantwortungsvolle Mutter tun, wenn das Kind eines Tages beschliessen würde, nicht mehr zur Schule zu gehen? Sie wären kaum der Ansicht, dass dieser Entscheid wegen des Kindeswohls zu akzeptieren sei. Stattdessen würden sie nachfragen, ob etwas vorgefallen sei, ob der Kontakt zur Lehrerin und zu den Kameraden problematisch sei, ob das Kind im Unterricht über- oder unterfordert sei. Als verantwortungsvolle Eltern würden sie das Problem analysieren, Ziele definieren und Lösungen suchen. Dieselbe Haltung ist gefragt, wenn ein Kind nicht mehr zum anderen Elternteil gehen will. Es ist nämlich nicht zum Wohl des Kindes, wenn man einfach hinnimmt, dass es den anderen Elternteil nicht mehr besucht, oder es gar darin unterstützt. Es ist vielmehr zu seinem Wohl, wenn es ohne Loyalitätskonflikte einen guten Kontakt zu beiden Eltern haben kann.

BUCHTIPP
Wie Eltern auch nach einer Trennung oder Scheidung die gemeinsame Verantwortung für ihr Kind übernehmen können, zeigt eindrücklich dieser Beobachter-Ratgeber: **Gute Eltern trotz Trennung. Rechte und Pflichten – zum Wohl des Kindes.**
www.beobachter.ch/buchshop

Dennoch gibt es Eltern, die alles tun, um den Kontakt zum Ex-Partner, zur Ex-Partnerin zu erschweren, und ihn gar aktiv behindern. Die Gerichte und die Kesb stehen in solchen Fällen fast immer vor unlösbaren Problemen: Was ist für ein Kind schlimmer – das Besuchsrecht zwangsweise durchzusetzen oder in Kauf zu nehmen, dass es sich vom einen Elternteil entfremdet? Fachleute nennen Letzteres Parental Alienation Syndrome (elterliches Entfremdungssyndrom), kurz PAS. Beides, ein PAS und eine zwangsweise Durchsetzung des Besuchsrechts, gilt es zu verhindern.

BEISTÄNDIN REGELT DAS BESUCHSRECHT Im Scheidungsurteil von Roger und Selina B. (siehe Seite 29) steht es schwarz auf weiss: Der Vater darf sein Kind jedes zweite Wochenende zu sich nehmen und drei Wochen mit ihm in die Ferien fahren. Die Mutter erfindet immer wieder neue Ausreden, warum dies nicht möglich sei. Zuletzt äusserte sie sogar den Verdacht, dass Roger B. die Tochter sexuell ausbeute. Die von der Kesb eingesetzte Beiständin kann den Verdacht des Missbrauchs bald ausräumen und sorgt dafür, dass der Vater seine Tochter regelmässig sehen kann. Sie legt die Modalitäten für diese Besuche fest. Damit es bei der Übergabe der Tochter nicht ständig zum Streit kommt, hat sie die Eltern zudem angewiesen, nur noch per Mail miteinander zu kommunizieren.

Grundsätzlich gilt die Besuchsrechtsregelung, wie sie vom Gericht oder von der Kesb festgelegt wurde, bis zur Volljährigkeit des Kindes. Doch bei Jugendlichen ist das Besuchsrecht in der Regel nicht mehr durchsetzbar, wenn sie sich weigern, mit einem Elternteil Kontakt zu haben. Was dann? Wenn freiwillige Beratungen nichts nützen, kann die Kesb unter Umständen in einer Weisung eine Mediation anordnen (zur Weisung siehe Seite 88).

Begleitetes Besuchsrecht

Entstehen beim Kontakt mit dem weggezogenen Elternteil Probleme, ordnet die Kesb häufig ein sogenanntes begleitetes Besuchsrecht an. Dies beispielsweise dann, wenn der Verdacht auf sexuelle Ausbeutung besteht oder wenn sich ein Elternteil und das Kind (aus welchen Gründen auch immer) lange nicht mehr gesehen haben. Zum Beispiel bei Jolanda G. und ihrem ehemaligen Freund (siehe Beispiel auf Seite 92): Gut möglich, dass dieser sich irgendwann besinnt und zu seinem Kind Kontakt aufnehmen möchte. Wenn sich die Mutter dann weigert – «Zuerst will er vom Kind nichts wissen, streitet die Vaterschaft ab und jetzt will er Papi spielen!» –, wird die Kesb vermutlich für eine gewisse Dauer ein begleitetes Besuchsrecht anordnen.

Besuchsrecht für Verwandte

Immer wieder kommt es auch vor, dass ein Elternteil verbietet, dass die Kinder die Verwandten des anderen besuchen. Trotz dieser Weigerung kann zum Beispiel den Grosseltern ein Besuchsrecht eingeräumt werden. Dazu braucht es aber ein Gesuch an die Kesb. Wenn es im Interesse der Kinder ist und eine sehr gute Beziehung zu den Grosseltern besteht, kann diesen der «Anspruch auf persönlichen Verkehr» eingeräumt werden, wie es im Gesetz heisst (Art. 274a ZGB).

AUS DER BEOBACHTERPRAXIS

Kesb einschalten bei Schwierigkeiten

«Unsere Kinder wohnen bei meiner Ex-Frau. Diese lässt sie nicht mit mir skypen. Sie sagt, in ihrer Wohnung gebe es das nicht, die Kinder könnten ausserhalb mit mir sprechen. Ist das zulässig?»

Nein. Für eine positive Entwicklung des Kindes ist die persönliche und intensive Beziehung zu beiden Elternteilen wichtig. Zum Besuchsrecht – das auch ein Recht des Kindes ist – gehört, dass man sich sehen kann, aber auch dass man miteinander telefoniert, sich Briefe schreibt oder skypt (was nichts anderes als modernes Telefonieren ist). Die Kinder wohnen bei der Mutter – es ist also auch die Wohnung der Kinder. Es ist wenig förderlich, ein Kind vor die eigene Tür zu schicken, wenn es mit dem Vater skypen will. Es wird das als Strafe empfinden. Kinder befinden sich bei getrennt lebenden und streitenden Eltern ohnehin oft in einem Loyalitätskonflikt. Ein solches Verhalten verschlimmert das noch.

Bei ständigen Problemen rund um das Besuchsrecht kann die Kesb eingeschaltet werden. Wenn nötig kann ein Besuchsrechtsbeistand bestellt werden, der sich darum bemühen wird, dass die Eltern die Interessen des Kindes im Auge behalten.

Gutachten in umstrittenen Situationen

Sowohl die Gerichte bei Scheidungen und Trennungen als auch die Kesb-Stellen sind zurückhaltend mit der Anordnung von Gutachten. Es ist nicht die Regel, dass in Kinderbelangen ein Gutachten eingeholt wird. Meist reicht es, wenn geschulte Mitarbeitende der Kesb ein Kind anhören (siehe Seite 42). Nur bei schwerwiegenden Problemen wird ein Gutachten nötig – vor allem dann, wenn heillos zerstrittene Eltern sich gegenseitig die Erziehungsfähigkeit absprechen, wenn eine Seite der anderen psychische Störungen vorwirft, wenn ein Kind selber psychische Störungen hat oder wenn festgestellt werden muss, ob das Kindeswohl gefährdet ist.

Die mit der Durchführung eines Gutachtens beauftragte Fachperson muss unabhängig sein, dennoch eskaliert der Streit in vielen Fällen nach einem Gutachten erst recht: Der Elternteil, der mit seinem Anliegen nicht durchdringt, wirft dem Gutachter Befangenheit, mangelnden Sachverstand und falsche Schlussfolgerungen vor. Das Gutachten sei weder objektiv noch neutral, es beinhalte fachliche Mängel und groteske Empfehlungen und sei parteiisch. Kritisiert wird auch oft, dass statt des Kindeswohls das Wohl des einen Elternteils in den Fokus gerückt werde. Nicht selten wird ein Gutachten schliesslich ein Fall für das Gericht.

Zuständige Behörden bei unverheirateten Eltern

Immer mehr Eltern leben heute unverheiratet zusammen. Wieder andere leben nicht zusammen. Und es gibt auch Eltern, die kein Paar mehr sind. Wenn es um Kinderbelange geht, gelten folgende Bestimmungen:

Elterliche Sorge

Wenn ein unverheiratetes Paar ein Kind bekommt, muss der Vater das Kind auf dem Zivilstandsamt anerkennen. Wollen die Eltern das gemeinsame Sorgerecht (was üblich ist), können sie – gleichzeitig mit der Anerkennung – eine entsprechende Erklärung abgeben. Später reichen sie diese Erklärung bei der Kesb ein, die für den Wohnort des Kindes zuständig ist.

Widersetzt sich die Mutter der gemeinsamen elterlichen Sorge, kann sich der Vater direkt an die Kesb wenden. Sind aber gleichzeitig die Alimente für das Kind strittig, ist das Gericht zuständig.

Besuchsrecht und Betreuungsanteile

Für alle Fragen rund um das Besuchsrecht oder die Betreuungsanteile – wer schaut wie häufig zum Kind? – ist die Kesb zuständig. Dies gilt insbesondere für die Festsetzung des Besuchsrechts von unverheirateten Eltern und für dessen nachträgliche Abänderung. Wenn gleichzeitig die Alimente für das Kind strittig sind, ist auch hier das Gericht zuständig.

Kinderalimente

Wenn sich die unverheirateten Eltern über die Höhe der Kinderalimente einig sind, reicht es nicht, dass sie dies zusammen am Küchentisch regeln. Damit die getroffene Vereinbarung rechtsgültig ist, braucht es eine Genehmigung durch die Kesb.

Sind sich Vater und Mutter bei Fragen rund um die Alimente nicht einig, ist das Gericht zuständig. Das Gerichtsverfahren wird durch ein Schlichtungsgesuch eingeleitet. Seit dem 1. Januar 2017 ist ein Schlichtungsverfahren nicht mehr nötig, wenn die Eltern wegen der Alimente schon bei der Kesb waren, dort aber keine Einigung gefunden haben.

Kindesschutz

Für die Anordnung und Abänderung von Kindesschutzmassnahmen (siehe Seite 81) ist die Kesb zuständig.

AUS DER BEOBACHTERPRAXIS

Gibt es das gemeinsame Sorgerecht automatisch?
«Meine Freundin hat ein Baby bekommen. Ich bin der Vater und werde das Kind anerkennen. Erhalte ich damit automatisch auch das Sorgerecht?»

Nein. Dafür braucht es eine gemeinsame Erklärung der Eltern. Damit bestätigen Sie und die Mutter schriftlich, dass Sie gemeinsam die Verantwortung für Ihr Kind übernehmen und sich über die Obhut, den sogenannten persönlichen Verkehr, den Anteil an der Betreuung sowie den Unterhaltsbeitrag geeinigt haben.

Sie können diese Erklärung gleichzeitig mit der Anerkennung der Vaterschaft beim Zivilstandsamt abgeben. Wenn Sie sie erst später abgeben, ist die Kesb am Wohnsitz des Kindes zuständig.

Falls Ihre Freundin mit einer gemeinsamen Erklärung nicht einverstanden sein sollte, können Sie sich selbständig an die Kesb wenden und das gemeinsame Sorgerecht beantragen. Die gemeinsame elterliche Sorge ist heute die Regel, daher wird die Kesb Ihren Antrag gutheissen, sofern dies nicht dem Kindswohl widerspricht.

Zuständige Behörden bei getrennt lebenden und geschiedenen Eltern

Wenn Vater und Mutter verheiratet sind und alles rund läuft, haben die beiden wegen Kinderfragen kaum je mit einer Behörde zu tun. Anders ist dies, wenn die Eltern sich trennen oder geschieden sind – ein Überblick:

Elterliche Sorge

Verheiratete Eltern haben grundsätzlich ein gemeinsames Sorgerecht. Das bleibt in aller Regel auch so, wenn sich die Eltern trennen oder scheiden lassen. Nur in seltenen Situationen wird im Scheidungs- oder Trennungsurteil festgelegt, dass nur ein Elternteil das Sorgerecht hat. War dies der Fall und kommen die Eltern später überein, dass es besser für das Kind ist, wenn Vater und Mutter das Sorgerecht haben, können sie bei der Kesb eine Änderung des Sorgerechts beantragen. Erst wenn die Kesb dies abgesegnet hat, gilt die gemeinsame elterliche Sorge.

In allen anderen Fällen muss immer das Gericht eingeschaltet werden. Das gilt insbesondere für strittige Fragen, etwa für die Frage, wo das Kind wohnen soll, oder wenn ein Elternteil das alleinige Sorgerecht will. Das Gericht ist auch zuständig für die Genehmigung einer Vereinbarung der Eltern im Rahmen eines hängigen Trennungs- oder Scheidungsverfahrens.

Besuchsrecht und Betreuungsanteile

Geht es nur um die Neuregelung des Besuchsrechts oder der Betreuungsanteile – unabhängig von der Frage, ob beide Elternteile einverstanden sind oder nicht –, ist die Kesb zuständig.

Ist aber ein Trennungs- oder Scheidungsverfahren hängig, ist es Sache des Gerichts, die Vereinbarung über das Besuchsrecht respektive die Betreuungsanteile zu genehmigen oder im Streitfall darüber zu urteilen. Das Gericht ist auch zuständig, wenn die Eltern neben der Besuchsrechtsregelung auch über die elterliche Sorge und/oder Kinderalimente streiten.

Kinderalimente

Treffen die Eltern gemeinsam eine Vereinbarung über die Kinderalimente, muss diese von der Kesb genehmigt werden. Die Kesb ist aber nur zuständig, wenn nicht parallel ein gerichtliches Trennungs- oder Scheidungsverfahren läuft. Die Kesb ist zudem dann zuständig, wenn die Eltern später gemeinsam eine Abänderung des im seinerzeitigen Gerichtsurteil festgelegten Alimentenbetrags verlangen.

Im Rahmen eines Scheidungs- oder Trennungsverfahrens ist das Gericht zuständig für die Frage der Kinderalimente. Es genehmigt entweder die von den Eltern vereinbarte Regelung oder es entscheidet, wenn die Eltern über die Höhe der Kinderalimente streiten. Wünscht nach der Trennung oder Scheidung ein Elternteil eine Abänderung des Urteils zu den Kinderalimenten und ist der andere nicht einverstanden, muss ebenfalls das Gericht angerufen werden.

Kindesschutz

Ist bereits ein gerichtliches Trennungs- oder Scheidungsverfahren hängig, ist das Gericht auch für die Anordnung oder Abänderung von Kindesschutzmassnahmen zuständig. Etwa wenn eine bereits bestehende Beistandschaft für das Kind aufgehoben werden muss oder wenn neu eine Beistandschaft angeordnet werden muss. Kann das Gericht eine dringende Massnahme voraussichtlich nicht rechtzeitig treffen, ist die Kesb einzuschalten.

Ist kein Trennungs- oder Scheidungsverfahren hängig, ist die Kesb für Kindesschutzmassnahmen zuständig.

AUS DER BEOBACHTERPRAXIS

Wenn die gemeinsame Sorge torpediert wird

«Ich bin geschieden. Meine Ex-Frau und ich haben seit zwei Jahren das gemeinsame Sorgerecht für unsere beiden Töchter. Doch sie stellt sich bei jeder Gelegenheit quer. Warum kann sie das trotz gemeinsamer Sorge?»

Die gemeinsame elterliche Sorge löst keine Konflikte mit dem Ex-Partner. Im Gegenteil: Sie zwingt die Eltern, sich häufig abzusprechen, und so entstehen zusätzliche Reibungsflächen. Die Eltern tragen die Erziehungsverantwortung gemeinsam und müssen wichtige Entscheide für das Kind zusammen treffen. Dadurch ist auch der getrennt lebende Elternteil enger in die Erziehung und Verantwortung für die Kinder eingebunden.

Falls durch das gemeinsame Sorgerecht ein Konflikt entsteht, der das Kindeswohl gefährdet, kann sich jeder Elternteil und auch das Kind an die Kesb wenden. Die Kesb vermittelt, kann aber auch Massnahmen anordnen. Ihre Mittel reichen von Ermahnungen und Weisungen über die Einsetzung eines Beistands bis hin zur Beschränkung des Sorgerechts.

Leider helfen bei besonders zerstrittenen Eltern auch harte Massnahmen oft nicht weiter. Deshalb ist es besonders wichtig, dass sich die Eltern immer wieder klarmachen, dass sie für das Wohl ihres Kindes verantwortlich sind. Ständige Konflikte verunsichern Kinder stark. Die Ex-Partner sollten also ihre eigenen Konflikte in den Hintergrund stellen und alles unterlassen, was die Beziehung des Kindes zum anderen Elternteil beeinträchtigt. Denn das Kind liebt und braucht Mutter und Vater gleichermassen.

PORTRÄT EINES GUTACHTERS

«Nach bestem Wissen und Gewissen»

Volker Schmidt, Jahrgang 1974, forensischer Kinder- und Jugendpsychiater

Vor vielen Jahren habe ich als Assistenzarzt meine ersten zivil- und strafrechtlichen Begutachtungen durchgeführt. Seither ist diese Tätigkeit zu meiner Berufung geworden. Ab 2008 habe ich den Fachbereich Kinder- und Jugendforensik am Kinder- und Jugendpsychiatrischen Dienst Solothurn aufgebaut und bis Ende 2017 geleitet, bevor ich mich mit meinem Team selbständig machte.

Zivil- und Strafbehörden ziehen immer dann sachverständige Gutachter bei, wenn die Fälle besonders komplex sind. Bei Gutachten im Auftrag der Kesb geht es dabei oft um die Frage einer Gefährdung des Kindeswohls oder darum, welche Betreuungs- und Obhutsregelung für die Kinder die beste ist. Im Rahmen einer solchen Begutachtung kläre ich einerseits die Bedürfnisse der Kinder und anderseits die Erziehungsfähigkeit der Eltern ab. Oft habe ich dabei umfangreiche Akten auszuwerten. Ich höre sowohl die Eltern als auch die Kinder an, hole Informationen aus dem sozialen Umfeld ein und mache auch Hausbesuche, um mir ein Bild von der Lebenssituation zu machen. Wichtig für mich als Gutachter ist die Beobachtung, wie Eltern und Kind miteinander interagieren. Ergänzend führe ich manchmal psychologische Tests durch.

Im Verlauf der Begutachtung setzen sich die verschiedenen Puzzlesteine zu einem Gesamtbild zusammen. Auf dieser Basis gebe ich dann Einschätzungen und Empfehlungen für die Regelung der Obhut und der Betreuung sowie zu allfälligen Kindesschutzmassnahmen ab.

Als Gutachter kann ich nichts entscheiden, sondern der Kesb nur Einschätzungen und Empfehlungen unterbreiten. Gleichzeitig dient mein Gutachten der Behörde als wichtige Entscheidungsgrundlage und hat damit weitreichende Folgen für die betroffenen Kinder und ihre Eltern. Daher arbeite ich mit höchster Sorgfalt und Umsichtigkeit. Ich gehe «allparteilich» an jeden einzelnen Fall heran und nehme die Betroffenen und ihre Anliegen sehr ernst. Ein strukturiertes Vorgehen und die Prüfung unterschiedlicher Kriterien helfen mir, zu fundierten Schlussfolgerungen zu kommen. Trotzdem raubt mir die Frage, was für die Kinder mittel- und langfristig das Beste ist, zwischendurch den Schlaf.

Leider gibt es auch Fälle, bei denen sich ein Elternteil durch meine Einschätzungen benachteiligt fühlt. Es geht aber bei meiner Arbeit nicht um einen Macht- oder Interessenausgleich zwischen den Eltern, sondern darum, wie den Bedürfnissen der Kinder am besten entsprochen werden kann. Wenn immer möglich wähle ich ein lösungsorientiertes Vorgehen, bei dem ich gemeinsam mit den Eltern auf einvernehmliche Regelungen im Sinne der Kinder hinwirke.

Ich stelle mich gern der Herausforderung, weil ich meine Arbeit als sinnstiftend erlebe. Für die Betroffenen ist mein Gutachten keine Bedrohung, sondern eine Chance.

4

Erwachsene und die Kesb

In diesem Kapitel geht es um die behördlichen Massnahmen, um Massnahmen also, die die Kesb zum Schutz einer erwachsenen Person ergreift. «Die behördlichen Massnahmen des Erwachsenenschutzes stellen das Wohl und den Schutz hilfsbedürftiger Personen sicher. Sie sollen die Selbstbestimmung der betroffenen Person so weit wie möglich erhalten und fördern», heisst es im Gesetz. Was das im Detail bedeutet, steht auf den folgenden Seiten.

Behördliche Massnahmen – Schutz für Erwachsene

Trotz Selbstbestimmungsrecht gibt es bekanntlich keine Garantie dafür, dass man nie Fehlentscheidungen trifft, seine Rechte und Pflichten jederzeit wahrnimmt und selbständig durchs Leben gehen kann. Wenn das Selbstbestimmungsrecht und die eigene Vorsorge nicht genügend Schutz bieten, gilt jemand als schutz- und hilfsbedürftig. Die Kesb muss entscheiden, ob eine Massnahme angebracht ist und wenn ja, welche.

Bevor eine Massnahme angeordnet wird, klärt die Kesb ab, ob nicht die Hilfe der Familie, von nahestehenden Personen und privaten oder öffentlichen Diensten genügt. Oft ist solche Hilfe nicht möglich, nicht erwünscht oder kontraproduktiv. Dann muss die Kesb die nötige Unterstützung geben; sie wird eine behördliche Massnahme anordnen. Dazu gehören die verschiedenen Beistandschaften und die fürsorgerische Unterbringung. In Einzelfällen kann die Kesb im Rahmen von behördlichen Massnahmen auch ohne Beistandschaft etwas anordnen (Art. 392 ZGB); sie kann beispielsweise einem Rechtsgeschäft zustimmen oder jemandem einen Auftrag erteilen. Sie kann auch Weisungen erteilen, zum Beispiel einer vorsorgebeauftragten Person. Auch eine solche Weisung ist eine behördliche Massnahme.

INFO *Behördliche Massnahmen dürfen nur angeordnet werden, wenn die Hilfsbedürftigkeit einer Person ausgewiesen ist und das Selbstbestimmungsrecht sowie die Unterstützung aus dem Umfeld nicht genügend Schutz bieten oder gar nicht vorhanden sind (Art. 388 und 389 ZGB).*

Selbstbestimmung und Schutzbedürfnis – eine Abwägung

Niemand wird bestreiten, dass Kinder des Schutzes bedürfen. Damit sie nicht unter die Räder kommen, muss man ihnen oft Vorschriften machen und ihnen zeigen, wo es langgeht. Sonst würden sie nächtelang aufbleiben, nur Fast Food essen und die Zähne nie putzen. Kinder sind auf Betreuung, Unterstützung und insbesondere auf Förderung durch ihre Eltern angewiesen, um später als Erwachsene selbstbestimmt durchs Leben gehen zu können. Wenn Vater und Mutter dieser Aufgabe nicht gewachsen sind, muss der Staat dafür sorgen, dass die vernachlässigten Mädchen und Buben das notwendige Rüstzeug fürs Leben erhalten und das Kindeswohl gesichert ist.

Wie aber sieht es aus, wenn 30-Jährige oder 80-Jährige nicht selbstbestimmt leben können, wenn sie noch oder wieder eines besonderen Schutzes bedürfen, wenn gar ihr Wohl gefährdet ist? Dann brauchen sie Hilfe. Die Gründe für die Hilfsbedürftigkeit von Erwachsenen können vielfältiger Natur sein. Zu denken ist an körperliche und psychische Erkrankungen, aber auch an Unerfahrenheit oder Unfähigkeit. Klar ist heute, dass schutzbedürftige Erwachsene nicht wie Kinder erzogen werden können. Auch dann nicht, wenn wegen der Hilfsbedürftigkeit eine Gefährdung besteht.

Jede Gesellschaft muss entscheiden, wie sie mit ihren schutzbedürftigen Mitgliedern umgehen will, wo sie die Grenzen setzt und wann der Staat einen Menschen fremdbestimmen soll und darf. Die Schweiz hat dies mit dem Erwachsenenschutzrecht getan. Auch wenn das Gesetz geändert, aufgehoben oder verschärft werden kann: Es wird immer ein Spannungsfeld zwischen dem Recht auf Selbstbestimmung und dem Bedürfnis nach Schutz und Unterstützung bestehen.

Selbstbestimmung hat heute ein hohes Gewicht

Zweck, Ziel und Aufgabe einer behördlichen Massnahme ist es immer, die Probleme eines Menschen zu beseitigen, zu beheben, auszugleichen oder zu mildern – und so die Interessen dieses Menschen dauerhaft und nachhaltig zu sichern. Um dieses Ziel zu erreichen, muss gelegentlich das Selbstbestimmungsrecht eingeschränkt werden. Im Vergleich zum alten Vormundschaftsrecht wird die Selbstbestimmung heute aber deutlich höher gewichtet. Es geht nicht mehr an, dass Übervater Staat alles vorschreibt und man selber nichts zu sagen hat. Die Selbstbestimmung auch von schwächeren Mitgliedern der Gesellschaft soll wenn immer möglich gewährleistet sein. Dies ist im Sinn der Bundesverfassung: die Stärke des Volkes misst sich am Wohl der Schwachen.

Nur dort, wo es nicht anders geht, soll die Kesb beziehungsweise die Beiständin oder der Beistand nötigenfalls auch gegen den Willen einer schutzbedürftigen Person handeln. Der Bundesrat fasste dies in seiner Botschaft zum neuen Recht so zusammen: «Der Erwachsenenschutz hat einen Ausgleich zwischen Freiheit und Betreuung herzustellen. Ausgangspunkt ist und bleibt zwar das Selbstbestimmungsrecht des Menschen als Ausdruck seiner Würde. Der Erwachsenenschutz kommt indes nicht darum herum, zum Wohl der betroffenen Person unter bestimmten Voraussetzungen Fremdbestimmung vorzusehen. Die behördlichen Massnahmen sollen aber so weit wie möglich die Selbstbestimmung erhalten und fördern.»

Subsidiarität und Verhältnismässigkeit

Das Subsidiaritätsprinzip (siehe Glossar) und die Verhältnismässigkeit haben sowohl im Kindes- als auch im Erwachsenschutz einen hohen Stellenwert. «In die Pflicht genommen werden zum einen die Familie und

WANN KOMMT ES ZU EINER BEHÖRDLICHEN MASSNAHME?

Die Unterstützung durch Familie, nahestehende Personen, private und öffentliche Dienste reicht nicht aus oder ist nicht vorhanden.	**und/ oder**	Jemand ist urteilsunfähig, hat keine ausreichende Vorsorge (Vorsorgeauftrag, Patientenverfügung) getroffen, und die Massnahmen im Gesetz (eheliches Vertretungsrecht, Kaskadenordnung) reichen nicht aus.	**=**	Behördliche Massnahme

weitere nahestehende Personen, zum andern aber auch private oder öffentliche Dienste. Die behördlichen Massnahmen sind nur anzuordnen, wenn die Betreuung der hilfsbedürftigen Person auf andere Weise nicht angemessen sichergestellt ist», schrieb der Bundesrat in der Botschaft zum Kindes- und Erwachsenenschutzrecht. Deshalb wird eine behördliche Massnahme für eine hilfsbedürftige Person nur angeordnet, wenn die Bedingungen im nebenstehenden Kasten erfüllt sind.

Beistandschaften für Erwachsene

Beistandschaften werden durch die Kesb angeordnet. Es gibt Begleit-, Vertretungs-, Mitwirkungs- und umfassende Beistandschaften. Bis auf die umfassende Beistandschaft, die alle Lebensbereiche betrifft, werden die Beistandschaften für die Bedürfnisse der Schutzbedürftigen massgeschneidert. Die Begleit-, die Vertretungs- und die Mitwirkungsbeistandschaft können miteinander kombiniert werden.

Dass im Erwachsenenschutzrecht derselbe Begriff «Beistandschaft» verwendet wird wie schon im Vormundschaftsrecht, war nicht von Anfang an vorgesehen. In ersten Vorschlägen für ein neues Gesetz tauchte anstelle des Wortes «Beistandschaft» das Wort «Betreuung» auf. Man wollte damit zum Ausdruck bringen, dass es um den persönlichen Einsatz von Menschen für Menschen geht. Schliesslich gab der Bundesrat aber der Bezeichnung Beistandschaft den Vorzug, zumal es für das Wort «Betreuung» keine zufriedenstellende Übersetzung ins Französische und ins Italienische gibt. Zudem war der Bundesrat der Ansicht, dass man unter «Betreuung» kein partnerschaftliches Verhältnis verstehe, sondern unterstelle, dass die betreute Person sich die Betreuung passiv gefallen lassen müsse. Genau das war aber nicht die Absicht der Gesetzesrevision.

Bedingungen für eine Beistandschaft

Laut Gesetz (Art. 390 ZGB) kann die Kesb eine Beistandschaft errichten, wenn folgende Bedingungen erfüllt sind:

- Wenn jemand wegen einer geistigen Behinderung, einer psychischen Störung oder eines ähnlichen in der Person liegenden Schwächezustands seine Angelegenheiten nur teilweise oder gar nicht besorgen kann.
- Wenn jemand wegen vorübergehender Urteilsunfähigkeit oder Abwesenheit in Angelegenheiten, die erledigt werden müssen, nicht selber handeln kann und auch nicht eine zur Stellvertretung berechtigte Person bezeichnet hat.

Was heisst das? Geistige Behinderung und psychische Störungen werden im Gesetz Schwächezustände genannt. Eine geistige Behinderung oder eine psychische Störung ist für sich allein kein Grund für eine Beistandschaft. Geistig Behinderte, die angeborene oder im Lauf des Lebens erworbene Intelligenzdefizite haben, sind nicht zwangsläufig zu verbeiständen. Und psychische Störungen können das Leben zwar enorm erschweren, aber sie sind ebenfalls noch kein Grund für eine Beistandschaft. Es muss nicht jeder und jede verbeiständet werden, der in seinem Leben in eine psychische Krise gerät. Trotz psychischer Schwierigkeiten sind viele Menschen in der Lage, ihre Angelegenheiten zu besorgen.

Zu einem solchen Schwächezustand muss laut Gesetz ein sogenanntes Schutzbedürfnis hinzukommen. Eine Beistandschaft wird nur errichtet, wenn die betroffene Person wegen ihres Schwächezustands ihre Angelegenheiten nur teilweise oder gar nicht besorgen kann, also schutzbedürftig ist. Wäre dies anders, müsste jeder, der unsinnige Kredite aufnimmt oder mit seinen Zahlungen im Rückstand ist, verbeiständet werden, obwohl er gesund ist.

Damit eine Beistandschaft angeordnet werden kann, braucht es also einen Schwächezustand, aus dem sich ein Schutzbedarf ergibt – Beispiel: Ein Mensch mit psychischen Problemen (Schwächezustand) kann seine finanziellen Angelegenheiten nicht mehr selber erledigen (Schutzbedarf).

Ein Schwächezustand ohne Schutzbedarf rechtfertigt eine Beistandschaft nicht. Umgekehrt reicht auch ein Schutzbedarf ohne Schwächezustand nicht aus. So kann es durchaus sein, dass eine Person wichtige Angelegenheiten, zum Beispiel das Kochen oder die Finanzen, nicht selber erledigen kann, aber nicht an einem Schwächezustand leidet. Dann bekommt sie keinen Beistand.

Eine Beistandschaft kann auch nötig sein, wenn jemand beispielsweise vorübergehend im Koma liegt oder sich an einem unbekannten Ort aufhält. Dies aber nur, wenn anstehende Geschäfte erledigt werden müssen. Ferner kann auch die Entlastung von Angehörigen für eine Beistandschaft sprechen.

Verzicht auf eine Beistandschaft

Was, wenn zwar Handlungsbedarf besteht, eine Beistandschaft aber ein unverhältnismässiger Eingriff wäre? Wie kann dem Betroffenen dann geholfen werden? In überschaubaren, unkomplizierten Fällen kann es genügen, wenn die Erwachsenenschutzbehörde das Nötige vorkehrt – beispielsweise dem Darlehensvertrag einer Person zustimmt, die für dieses Geschäft urteilsunfähig ist. Die Behörde kann auch einem Reinigungsinstitut den Auftrag geben, die verwahrloste Wohnung einer Person in Ordnung zu bringen, oder jemanden bezeichnen, der wichtige Informationen bei Banken und Versicherungen einholt. Dies regelt Artikel 392 ZGB.

Selber eine Beistandschaft beantragen?

Das oft vermittelte Bild, wonach man von der Kesb stets zwangsweise unter eine Beistandschaft gestellt, gar «gevogtet» wird, stimmt nicht. Viele Menschen sind froh um diese Form staatlicher Hilfe und beantragen selber eine Beistandschaft. Es kommt sehr häufig vor, dass jemand selber an die Kesb gelangt, weil die Unterstützung von Angehörigen, Freunden und Beratungsstellen für die Bewältigung von Problemen nicht genügt (siehe auch Seite 37).

Wer wird verbeiständet?

Manche Menschen haben Schutz vor anderen nötig, manche aber auch Schutz vor sich selbst. Eine Beistandschaft ist niemals als Strafe, sondern stets als Hilfe für die betroffenen Personen gedacht. Dass diese selbst das nicht immer so sehen, liegt in der Natur der Sache, denn Beistandschaften sind oft mit Eingriffen in die persönlichen Angelegenheiten verbunden.

AUS DER BEOBACHTERPRAXIS

Warum wird unser Neffe nicht verbeiständet?
«Wir Angehörigen möchten, dass unser psychisch kranker Neffe verbeiständet wird. Aber die Kesb sagt, es seien nicht genügend Gründe vorhanden. Muss denn zuerst etwas passieren?»

Ja. Im Zivilgesetzbuch ist klar definiert: Die Erwachsenenschutzbehörde (Kesb) kann nur dann einen Beistand einsetzen, wenn eine volljährige Person wegen einer geistigen Behinderung, einer psychischen Störung oder «eines ähnlichen in der Person liegenden Schwächezustands ihre Angelegenheiten nur teilweise oder gar nicht besorgen kann».

Es braucht also zwei Gründe, damit ein Beistand eingesetzt wird: einen Schwächezustand und die Unfähigkeit, seine Angelegenheiten selber zu erledigen – das Gesetz spricht in diesem Fall von einem «Schutzbedürfnis».

Solange Ihr Neffe seine Rechnungen bezahlt, seine Steuererklärung ausfüllt oder sich dafür Hilfe holt, solange er keine unsinnigen Kredite aufnimmt, sich nicht verschuldet und keine unnötigen Verträge unterschreibt, besteht kein Schutzbedürfnis.

Wenn jemand einen Schwächezustand, aber kein Schutzbedürfnis hat, darf er nicht verbeiständet werden. Es gibt nämlich viele, die trotz psychischer Probleme ihre Angelegenheiten im Griff haben. Selbst geistig Behinderte sind dazu oft in der Lage. Wäre das anders, müsste der Umkehrschluss gelten: Alle, bei denen der Pfändungsbeamte klingelt oder die sich nicht um ihren Bürokram kümmern, müssten einen Beistand erhalten.

Könnte Ihr Neffe seine Angelegenheiten nicht mehr besorgen, würde die Kesb eine Beistandschaft anordnen. Gut möglich, dass dies nicht nötig ist – beispielsweise dank der Hilfe aus dem Umfeld. Denn im Gesetz ist auch festgelegt, dass die Kesb nur dann eine Massnahme anordnet, wenn die Unterstützung durch die Familie, andere nahestehende Personen und private oder öffentliche Dienste «nicht ausreicht oder von vornherein als ungenügend erscheint».

Eine Beistandschaft wird von der Kesb nicht angeordnet, um unangepasste Bürger zu massregeln oder in die Schranken zu weisen. Wenn sich jemand etwas zuschulden kommen lässt oder sich nicht an Regeln hält, wird ein Richter das Strafgesetzbuch aufschlagen. Die Kesb hingegen schlägt das Zivilgesetzbuch auf, in dem der Erwachsenenschutz geregelt ist. Sie tut dies, wenn der oder die Betroffene Hilfe benötigt.

CHECKLISTE: BEISTANDSCHAFT JA ODER NEIN?

Besteht ein Schwächezustand?

↓

Besteht eine Schutzbedürftigkeit?

↓

Was ist das Ziel der Beistandschaft?

↓

Welches sind die **Aufgabenbereiche** und welche Art Beistandschaft ist erforderlich (**Begleitung, Mitwirkung, Vertretung,** siehe nächste Seite)?

↓ ↑

Verhältnismässigkeitsprüfung

- Sind die vorgesehenen Aufgaben und die Art der Beistandschaft **geeignet,** um das Ziel der Massnahme zu erreichen?
- Sind die Beistandschaft und die Aufgaben **erforderlich,** um das Ziel der Massnahme zu erreichen, oder gibt es Massnahmen, die weniger weit in die persönliche Freiheit eingreifen (Patientenverfügung, Vorsorgeauftrag, Vollmacht, Vertretung durch Ehepartner, Dienstleistungsangebote Dritter, familieninterne Lösungen)?
- Besteht ein **angemessenes Verhältnis** zwischen dem angestrebten Ziel und dem Eingriff, den die Massnahme für die betroffene Person bedeutet?

↓

Entscheid der Kesb für oder gegen eine Beistandschaft

↓

Der von der Behörde eingesetzte Beistand, die Beiständin **führt das Mandat.**

Quelle: Rosch, Einführung N 43, in: Rosch/Büchler/Jakob, Erwachsenenschutzrecht, 2015

Überblick über die Beistandschaften für Erwachsene

Das Gesetz kennt die Begleit-, die Vertretungs-, die Mitwirkungs- und die umfassende Beistandschaft. Die umfassende Beistandschaft betrifft – wie der Name sagt – alle Lebensbereiche. Die anderen Beistandschaften können für die Bedürfnisse der betroffenen Person massgeschneidert werden. Auf diese Weise wird nur so viel staatliche Betreuung angeordnet, wie wirklich nötig ist.

INFO *Für alle Beistandschaften gilt der Grundsatz der Verhältnismässigkeit. Oder anders gesagt: So viel staatliche Hilfe wie nötig, so wenig staatlicher Eingriff wie möglich.*

BEWEISLAST FÜR EINE BEISTANDSCHAFT

«Die Kesb muss nicht nachweisen, dass jemand Probleme hat. Die Betroffenen müssen beweisen, dass sie allein zurechtkommen, und sie müssen dafür unter Umständen viel Geld und Ressourcen aufwenden.»

Der Check: Die Kesb muss nachweisen, dass die Voraussetzungen für eine Beistandschaft bestehen: ein Schwächezustand und ein Schutzbedarf. Wenn es anders wäre, hätte es sich der Gesetzgeber sparen können, in Gesetzesartikeln niederzuschreiben, wie ein Verfahren auszusehen hat. Es bräuchte nicht einmal eine Anhörung.

Wenn die betroffene Person ein Beschwerdeverfahren gegen einen Entscheid der Kesb anstrebt, kann das sehr zeitintensiv sein. Wer kein Geld hat, kann von der unentgeltlichen Rechtspflege profitieren (siehe Seite 50).

DIE VERSCHIEDENEN BEISTANDSCHAFTEN

	Begleitbeistandschaft	Vertretungsbeistandschaft	Mitwirkungsbeistandschaft	Umfassende Beistandschaft
Aufgabenbereich des Beistands	Die Beistandschaft ist reine Begleitung und Beratung.	Die Kesb bestimmt, in welchem Umfang und in welchen Bereichen eine Vertretung stattfindet.	Eine Vertretung gibt es nicht, lediglich eine Mitwirkung.	Die Beistandschaft ist eine vollumfängliche gesetzliche Vertretung.
Handlungsfähigkeit	Die Handlungsfähigkeit ist nicht eingeschränkt.	Die Handlungsfähigkeit ist grundsätzlich nicht tangiert. Die Kesb kann sie aber in gewissen Bereichen einschränken oder entziehen.	Die Handlungsfähigkeit ist für gewisse Geschäfte eingeschränkt.	Die Handlungsfähigkeit ist vollumfänglich entzogen.
Einverständnis der betroffenen Person	Die betroffene Person muss mit der Beistandschaft einverstanden sein. Ist sie es nicht, kann die Beistandschaft nicht angeordnet werden und/oder muss aufgehoben werden.	Ohne Einwilligung der betroffenen Person möglich.	Ohne Einwilligung der betroffenen Person möglich.	Ohne Einwilligung der betroffenen Person möglich.
Vertretungsmacht des Beistands	Die Selbständigkeit bleibt erhalten. Die Beistandschaft ist lediglich eine aufgabenbezogene Begleitung und Beratung.	Die Selbständigkeit kann für bestimmte Angelegenheiten eingeschränkt sein. Der Beistand übernimmt eine aufgabenbezogene Vertretung.	Die Selbständigkeit ist in bestimmten Angelegenheiten eingeschränkt. Der Beistand vertritt nicht, wirkt aber mit.	Die Selbständigkeit ist sehr stark eingeschränkt. Umfassende Vertretung durch den Beistand.

Die Begleitbeistandschaft

Die Begleitbeistandschaft ist für Menschen gedacht, die in einer bestimmten Angelegenheit oder in mehreren Bereichen Unterstützung wünschen. Der Wunsch allein genügt jedoch nicht; einige Bedingungen müssen erfüllt sein (siehe auch Seite 120).

- Die Begleitbeistandschaft kommt nur dann zur Anwendung, wenn die Unterstützung tatsächlich benötigt wird.
- Weiter wird eine Begleitbeistandschaft nur angeordnet, wenn die betroffene Person die nötige Hilfe in ihrem Umfeld, von Familienmitgliedern und von privaten oder öffentlichen Diensten, nicht bekommt.

Eine Begleitbeistandschaft kann für die Bereiche Personensorge, Vermögenssorge sowie Rechtsverkehr angeordnet werden (siehe Glossar). Die Kesb muss die Aufgabenbereiche umschreiben. Danach kann der Beistand die betroffene Person in diesen Bereichen beraten und unterstützen – handeln muss die Person aber immer selber. Die Begleitbeistandschaft ist in Artikel 393 ZGB geregelt.

Die Begleitbeistandschaft wird von der Kesb angeordnet für Menschen, die mit den Dingen des Lebens überfordert sind oder denen es an der nötigen Entscheidungskraft fehlt. Dies können Betagte sein, die allein nicht mehr zurechtkommen – aber auch junge Erwachsene, die in der Kindheit das nötige Rüstzeug nicht erhalten haben. Sinnvoll ist eine Begleitbeistandschaft beispielsweise bei Menschen, die Hilfe bei der Wohnungssuche, bei Stellenbemühungen oder in der Freizeitgestaltung benötigen. Auch Menschen, die in rechtlichen Fragen und mit Verträgen überfordert sind, bei der Steuererklärung Hilfe brauchen (und diese Hilfe nicht von einem Steuerberater erhalten), die Abrechnungen mit der Krankenkasse nicht abwickeln oder keine Ferien planen können, kann mit einer Begleitbeistandschaft geholfen werden. Die verbeiständeten Personen erhalten Unterstützung, werden beraten – und wenn nötig von wichtigen Dingen überzeugt.

Darüber hinaus ist die Begleitbeistandschaft für Personen gedacht, bei denen eine andere Massnahme aufgehoben wurde, die aber für eine Übergangszeit noch jemanden brauchen, der ihnen mit Rat und Tat zur Seite steht.

ÜBERFORDERT MIT BRIEFEN Ivo L. kam im Alter von 15 Jahren ohne Eltern in die Schweiz. Heute ist er 22, spricht passabel Deutsch, hat praktisch keine Schulbildung und arbeitet bei einem Temporärbüro. Wenn er Post bekommt, ist Ivo L. stets verunsichert – lesen kann er nämlich kaum. Und selbst wenn er den Inhalt lesen kann: Muss er der Aufforderung nachkommen, sich gleich heute noch eine Sofortrente zu sichern? Oder ist das Schreiben der Krankenkasse vielleicht doch wichtiger? Sein Beistand steht ihm bei solchen und anderen Fragen zur Seite.

SCHUTZ VOR AUSNÜTZUNG Bis vor drei Jahren hat die 31-jährige Fiona V. in einem Heim für geistig Behinderte gewohnt, nun lebt sie allein in einer Wohnung und arbeitet in einer geschützten Werkstatt. Letzten Sommer hätte sie für ihren Freund beinahe einen Kredit aufgenommen. Und weil dieser ihr alles Ersparte aus der Tasche gezogen hat, hätte sie für Geld um ein Haar einen seiner Kollegen geheiratet. Mit ihrer Beiständin bespricht sie nun alles, bevor sie Ja oder Nein sagt.

LANGSAM WIEDER FUSS FASSEN Martha K.s Ex-Mann bezahlt die Unterhaltsbeiträge nicht, und sie wehrt sich nicht dagegen. Wie auch? Sie hat nie gelernt, mal auf den Tisch zu klopfen. Und im Umgang mit Ämtern, Banken und Versicherungen ist sie überfordert, denn um all

BEGLEITBEISTANDSCHAFT IM ÜBERBLICK

Wird die Handlungsfähigkeit eingeschränkt?	Nein
Muss man urteilsfähig sein?	Ja, wenn die Urteilsfähigkeit nicht gegeben ist, ist eine Begleitbeistandschaft nicht angezeigt.
Wird man vom Beistand vertreten?	Nein
Kann die Beistandschaft gegen den eigenen Willen angeordnet werden?	Nein
Kann man selber Entscheidungen fällen?	Ja
Wird die Beistandschaft aufgehoben, wenn man das wünscht?	Ja

das hat sich früher immer ihr Mann gekümmert. So ist Martha K. nicht nur in eine finanzielle, sondern auch in eine seelische Krise gestürzt. Nach einem Klinikaufenthalt und dank einer ambulanten Therapie fasst sie langsam wieder Fuss. Ihr Beistand hilft ihr dabei.

Die Vertretungsbeistandschaft

Die Kesb ordnet eine Vertretungsbeistandschaft an, wenn eine hilfs- und schutzbedürftige Person bei der Erledigung bestimmter Geschäfte vertreten werden muss, weil sie diese selbst nicht oder nicht zweckmässig erledigen kann. Um welche Angelegenheiten es sich handelt, muss die Kesb festlegen und umschreiben. Wenn eine betagte Person beispielsweise Mühe mit ihren administrativen Angelegenheiten hat, erhält sie von der Kesb einen Beistand zur Seite gestellt, der sie im Verkehr mit Behörden, Ämtern, Banken, Post, Versicherungen und sonstigen Institutionen vertreten kann. Möglich ist auch, dass eine Vertretungsbeiständin für Wohnangelegenheiten eingesetzt wird: Sie muss für eine geeignete Wohnform besorgt sein und kann beispielsweise einen Mietvertrag unterschreiben.

Der eingesetzte Beistand muss sich innerhalb seines Aufgabengebiets immer überlegen, was im Interesse der verbeiständeten Person ist, und sollte dabei deren Meinung und die bisherige Lebensgestaltung berücksichtigen. Im Umfang der ihm übertragenen Aufgaben ist er der Vertreter zugunsten oder zulasten der verbeiständeten Person. Das heisst: Wenn der Beistand in Vertretung der verbeiständeten Person zum Beispiel einen Vertrag unterzeichnet, verpflichtet er sich nicht etwa selber; Vertragspartei ist die verbeiständete Person.

Die Vertretungsbeistandschaft schränkt die Handlungsfähigkeit der verbeiständeten Person in den meisten Fällen nicht ein. Wenn diese aber die Arbeit des Beistands durchkreuzt oder regelmässig Dinge tut, die ihr schaden, muss die Kesb die Handlungsfähigkeit entsprechend beschränken, wie es im Gesetzestext heisst. «Entsprechend» bedeutet, dass die Handlungsfähigkeit nicht vollständig entzogen wird, sondern nur hinsichtlich der tangierten Angelegenheiten. Zum Beispiel kann die Handlungsfähigkeit in Bezug auf Internetbestellungen entzogen werden. Oder es kann angeordnet werden, dass eine Mehrfamilienhausbesitzerin keine Mietverträge mehr abschliessen kann.

Auch wenn die Handlungsfähigkeit nicht eingeschränkt ist, muss sich die verbeiständete Person die Handlungen des Beistands, der Beiständin gefallen oder anrechnen lassen – kurz, sie muss sie akzeptieren. Deshalb kann eine Vertretungsbeistandschaft auch gegen den Willen der hilfsbedürftigen Person angeordnet werden. Die Vertretungsbeistandschaft ist in Artikel 394 ZGB geregelt.

FINANZIELLE ANSPRÜCHE NICHT GELTEND GEMACHT Claudio A. hat seine Arbeit als Gemeindeangestellter verloren. «Wegrationalisiert», sagt er. Seit kein Geld mehr von der Arbeitslosenversicherung kommt, ist er auf Sozialhilfe angewiesen. Dabei hätte er wegen seiner schweren psychischen Krankheit längst Anspruch auf eine Rente. Claudio A. weigert sich aber, sich bei der IV anzumelden. In seinem Weltbild ist die IV eine Verbrecherorganisation. «Die Gemeinde soll schön zahlen. Die haben mich schliesslich auf die Strasse gestellt.» Ihm wurden schon Kürzungen der Sozialhilfe angedroht, von IV will er trotzdem nichts wissen. Seine Sozialarbeiterin gelangt deshalb an die Kesb, die eine Vertretungsbeistandschaft anordnet. Der Beistand kann nun Claudio A. bei der IV anmelden. Sobald die Rente gesprochen ist, wird die Massnahme durch die Kesb wieder aufgehoben, denn Claudio A. kann ansonsten sein Leben gut ohne behördliches Zutun meistern. Dass er die Welt zuweilen etwas verschroben sieht, ist kein Grund, die Beistandschaft weiterzuführen.

URTEILSUNFÄHIGES EHEPAAR KANN NICHT MEHR SELBER HANDELN Hans-Rudolf V. liegt im Koma, seine Frau Elisabeth leidet an einer schweren Demenz und lebt in einem Pflegeheim. Die beiden haben niemanden, der sich um sie kümmert. Sie haben zudem weder eine Patientenverfügung noch einen Vorsorgeauftrag errichtet (siehe Seite 56 und 72). Und weil beide urteilsunfähig sind, hilft ihnen auch das eheliche Vertretungsrecht (siehe Seite 64) nicht weiter. Die Kesb ordnet für Hans-Rudolf und Elisabeth V. eine Vertretungsbeistandschaft an: Die Beiständin erhält den Auftrag, das Ehepaar zu vertreten, wenn Entscheide über die Wohnsituation zu treffen sind. Die Vertretung umfasst aber auch das gesundheitliche Wohl, medizinische Massnahmen sowie administrative und finanzielle Angelegenheiten.

VERTRETUNGSBEISTANDSCHAFT IM ÜBERBLICK

Wird die Handlungsfähigkeit eingeschränkt?	Möglicherweise
Muss man urteilsfähig sein?	Nein, eine Vertretungsbeistandschaft ist sowohl bei Urteilsfähigkeit als auch bei Urteilsunfähigkeit möglich.
Wird man von einem Beistand vertreten?	Ja, für die von der Kesb beschriebenen Angelegenheiten
Kann die Beistandschaft gegen den eigenen Willen angeordnet werden?	Ja
Kann man selber Entscheidungen fällen?	Ja, sofern für einen bestimmten Bereich die Handlungsfähigkeit nicht entzogen ist
Wird die Beistandschaft aufgehoben, wenn man das wünscht?	Nein, nur wenn die Massnahme nicht mehr nötig ist

Vertretung bei der Verwaltung des Vermögens

Soll jemand in Finanzangelegenheiten vertreten werden, muss die Vertretungsbeistandschaft ergänzt werden. Die Kesb ordnet dann an, dass eine Beiständin auch die Vermögensverwaltung der verbeiständeten Person übernimmt: Der Begriff Vermögen meint nicht nur Erspartes, sondern kann auch das Einkommen umfassen. Geregelt ist die Vermögensverwaltung in Artikel 395 ZGB.

Von einer Vermögensverwaltung wird die Handlungsfähigkeit nicht tangiert. Das heisst, dass sowohl die Beiständin als auch die verbeiständete Person Finanzgeschäfte tätigen können. Im Rahmen einer Vermögensverwaltung kann die Kesb aber beschliessen, ein bestimmtes Konto der verbeiständeten Person für diese zu sperren (was die Handlungsfähigkeit nicht einschränkt). Ein Beispiel: Die Beiständin wickelt Rechnungen über das Konto ab, auf dem die Renten, der Lohn oder Sozialhilfegelder eingehen. Wenn die verbeiständete Person ebenfalls über dieses Geld verfügen könnte und keinen Überblick über die Finanzen hätte, wäre das Konto wohl meist leer. Deshalb ist eine Kontosperrung sinnvoll. Für Essen, Taschengeld oder Anschaffungen wird dann ein separates Konto errichtet, auf das die verbeiständete Person Zugriff hat.

Die Kesb wird es allerdings nicht bei einer Kontosperrung belassen, wenn die verbeiständete Person beispielsweise immer wieder unnötige Dinge kauft, die letztlich doch vom gesperrten Konto bezahlt werden müssen. Dann nützt eine Kontosperrung nicht viel; die Kesb würde eine Massnahme prüfen, die die Handlungsfähigkeit für diese Dinge einschränkt.

Die Mitwirkungsbeistandschaft

Die Mitwirkungsbeistandschaft dient dem Schutz der verbeiständeten Person vor sich selbst oder vor Dritten, indem bestimmte Handlungen (meist Vertragsabschlüsse) nur noch mit Zustimmung des Beistands möglich sind. Zu denken ist etwa an folgende Geschäfte: Abschluss eines Erbvertrags, Verkauf oder Belastung eines Grundstücks, Aufnahme oder Gewährung von Darlehen, Schenkungen, Abzahlungs- und Leasingverträge, Kreditkäufe, Kauf oder Verkauf von Wertpapieren. Um welche Geschäfte es sich handelt, muss von der Kesb festgelegt werden.

Die Mitwirkungsbeistandschaft eignet sich für Personen, die sich zu heiklen Verträgen überreden lassen oder ungeprüft Dinge unterschreiben, die zu ihrem Nachteil sind. Die Massnahme räumt dem Beistand die Kompetenz ein, den Handlungen in fraglichen Angelegenheiten zuzustimmen oder die Zustimmung zu verweigern.

Der Unterschied zur Vertretungsbeistandschaft: Bei einer Mitwirkungsbeistandschaft muss der Beistand für das Zustandekommen eines bestimmten Vertrags mitwirken, er kann aber die verbeiständete Person nicht vertreten. Ein Geschäft, das eine Person unter Mitwirkungsbeistandschaft abschliesst, ist nur gültig, wenn der Beistand sein Einverständnis gegeben hat. Die Handlungsfähigkeit wird also immer eingeschränkt. Handkehrum kann der Beistand ohne das Okay der verbeiständeten Person auch nichts bewirken (dazu bräuchte es eine Vertretungsbeistandschaft, siehe Seite 128). Geregelt ist die Mitwirkungsbeistandschaft in Artikel 396 ZGB.

AUS FALSCHER GUTMÜTIGKEIT GELD VERSCHENKT Josiane S. hat ein Herz für Tiere; sie vergöttert sie, spricht mit ihnen, hört ihre Stimmen, führt ihre «Befehle» aus und vernachlässigt dadurch die eigenen Bedürfnisse. Testamentarisch hat sie verfügt, dass diverse Tierschutzorganisationen ihr Erbe antreten sollen. Viel wird das aber nicht sein. Denn in den letzten Jahren hat Josiane S. bereits mehrere Schenkungen an Tierschutzorganisationen ausgerichtet, die so hoch waren, dass sie ihre Rechnungen nicht mehr begleichen konnte. Die Kesb beschliesst deshalb, dass Josiane S. Schenkungen für Tierschutzorganisationen ab sofort nur noch mit dem Einverständnis ihrer Beiständin tätigen kann. Aber: Gelegenheitsgeschenke für ihre Nichten und Neffen sind von der Mitwirkungsbeistandschaft nicht tangiert.

AUF ZU GROSSEM FUSS LEBEN Angelo B. sieht sich als Lebemann. Andere nennen ihn einen Hochstapler. Fakt ist, dass er einen Geltungsdrang hat, der krankhaft ist und behandelt werden muss. Während seine Familie vor dem leeren Kühlschrank steht, bucht Angelo B. Kreuzfahrten, kauft teure Sportautos und Juwelen. Weil er sich dies mit seinem Einkommen gar nicht leisten kann, nimmt er immer wieder Kredite auf, die er nicht zurückzahlen kann. Dank der Mitwirkungsbeistandschaft ist damit Schluss.

NICHT NEIN SAGEN KÖNNEN Corinna W. ist durch Erbschaften zu einem beträchtlichen Vermögen gekommen, zu dem auch ein Mehrfamilienhaus gehört. Sie hat ein gutes Herz, ein zu gutes. Sie lässt sich immer

MITWIRKUNGSBEISTANDSCHAFT IM ÜBERBLICK

Wird die Handlungsfähigkeit eingeschränkt?	Ja, in den von der Mitwirkungsbeistandschaft erfassten Geschäften
Muss man urteilsfähig sein?	Ja
Wird man vom Beistand vertreten?	Nein
Kann die Beistandschaft gegen den eigenen Willen angeordnet werden?	Ja
Kann man selber Entscheidungen fällen?	Der Beistand und die verbeiständete Person entscheiden gemeinsam. Selber entscheiden kann die verbeiständete Person nur in Angelegenheiten, die von der Beistandschaft nicht betroffen sind.
Wird die Beistandschaft aufgehoben, wenn man das wünscht?	Nein, nur wenn die Massnahme nicht mehr nötig ist

wieder über den Tisch ziehen und schliesst Mietverträge ab mit Leuten, die die Miete nicht zahlen können oder nicht zahlen wollen. Dann hat sie stets den Schaden, schon mehrmals stand sie vor dem finanziellen Ruin. Die Kesb hat deshalb angeordnet, dass Mietverträge mit Corinna W. nur noch gültig sind, wenn die Beiständin ihre Zustimmung gibt.

AUS DER BEOBACHTERPRAXIS

Kesb schützt vor Gutmütigkeit

«Meine Eltern sind schon älter, aber recht selbständig. Doch am Telefon lassen sie sich aus Gutmütigkeit immer wieder zu nutzlosen Verträgen überreden. Sie können nicht mehr Nein sagen. Wie kann ich verhindern, dass sie ausgenützt werden?»

Tatsächlich fällt es Senioren oft schwer, bei Telefonangeboten Nein zu sagen oder schlicht den Hörer aufzuhängen, wenn sie sich bedrängt fühlen. Und ein Ja kann schon einen Vertrag entstehen lassen.

Immerhin gibt es für solche Vertragsabschlüsse am Telefon ein Widerrufsrecht: Während 14 Tagen, nachdem der Vertrag zustande gekommen ist, kann man seine Zusage widerrufen. Voraussetzung ist, dass es um mehr als 100 Franken geht. Falls der Anbieter über dieses Widerrufsrecht nicht informiert, startet die Frist nicht. Dann kann man den Vertrag auch später noch widerrufen.

Eine Möglichkeit: Machen Sie mit den Eltern ab, dass Sie regelmässig ihre Postsendungen durchsehen, sodass Sie rechtzeitig intervenieren können. Am besten geben die Eltern Ihnen eine Vollmacht, damit Sie Verträge in ihrem Namen widerrufen können – mit eingeschriebenem Brief.

Es gibt noch eine andere Möglichkeit, die sogenannte Mitwirkungsbeistandschaft. Sie eignet sich für Personen, die zwar urteilsfähig sind und selbständig handeln können, die man aber vor sich selbst oder vor Dritten schützen muss. Bei der Mitwirkungsbeistandschaft werden bestimmte Handlungen definiert, die die verbeiständete Person nur noch mit Zustimmung des Beistands ausführen kann. Im Fall Ihrer Eltern könnte man die Mitwirkungsbeistandschaft auf Vertragsabschlüsse am Telefon beschränken. Vielleicht ist es sinnvoll, auch Verträge einzuschliessen, die die Eltern beim Besuch eines Vertreters eingehen.

Möchten Sie dies tun, können Sie oder Ihre Eltern Kontakt mit der Kesb aufnehmen. Diese klärt in einem Verfahren die Situation ab. Wenn nichts dagegen spricht, können Sie selber sich als Beiständin einsetzen lassen. Dann sind solche Verträge nur gültig, wenn Sie Ihr Einverständnis dazu gegeben haben.

Massgeschneiderte Beistandschaften

Was ist eine massgeschneiderte Beistandschaft? Bildlich gesprochen nimmt die Kesb wie ein Schneider zuerst die Masse, beginnt dann zu schneidern und schaut zum Schluss, ob die Massanfertigung auch passt. Sowohl der Schneider als auch die Kesb müssen etwas von ihrem Handwerk verstehen. Massgeschneidert und kombiniert werden können die Begleit-, die Vertretungs- und die Mitwirkungsbeistandschaft (nicht aber die umfassende Beistandschaft, siehe nächste Seite).

Für die Kesb stehen die betroffene Person, ihre Lebenssituation und ihre individuellen Bedürfnisse im Vordergrund. Wenn die Bedingungen für eine Beistandschaft bestehen, wird die Kesb abklären, welche Beistandschaft infrage kommt. Dazu braucht es Antworten auf eine ganze Reihe von Fragen, zum Beispiel:

- Braucht die Person Hilfe beim Abschliessen von Verträgen?
- Welche Unterstützung braucht sie im Alltag, bei der Arbeit, in der Familie oder im Umgang mit Vertragspartnern?
- Kann sie selbst für ihr psychisches und physisches Wohlbefinden sorgen?
- Kann sie mit Geld umgehen?
- Welche Angelegenheiten bespricht sie sinnvollerweise mit einem Beistand, einer Beiständin?
- Kann sie nötige Entscheide selber fällen?

All diese Fragen werden im Lauf des Verfahrens zum Thema (siehe auch Seite 39). Nach allen Abklärungen entscheidet die Kesb, ob eine Begleit-, eine Vertretungs- oder eine Mitwirkungsbeistandschaft angezeigt ist, ob eine Kombination die Lösung bringt oder ob eine umfassende Beistandschaft nötig wird.

BEISTANDSCHAFT NACH MASS Max R. ist schon seit Jahren verbeiständet.

- Im Rahmen einer Begleitbeistandschaft wird er bei der Wohnungssuche von seinem Beistand unterstützt und beraten. Seine Handlungsfreiheit bleibt unberührt. Er allein ist zuständig für die Unterzeichnung des Mietvertrags.
- Im Rahmen einer Vertretungsbeistandschaft hat der Beistand den Auftrag, Max R. beim Erledigen von administrativen Angelegenheiten zu vertreten, insbesondere im Verkehr mit Behörden, Ämtern, Banken, Post und Versicherungen. Nötige Verträge kann der Beistand in die Wege leiten und unterschreiben, ohne dass die Handlungsfähigkeit von Max R. eingeschränkt ist.
- Weil Max R. nicht mit Geld umgehen kann, wird ihm der Zugriff auf Vermögenswerte im Sinn einer Vermögensverwaltung entzogen.
- Weil er immer wieder unsinnige und unnötige Versicherungsverträge unterschreibt, können solche Verträge im Rahmen einer Mitwirkungsbeistandschaft nur noch mit Zustimmung des Beistands gültig zustande kommen.

Die umfassende Beistandschaft

Die umfassende Beistandschaft ist das Pendant zur früheren Vormundschaft. Eine umfassende Beistandschaft ist nur dann angezeigt, wenn jemand sehr viel Hilfe benötigt und nicht selber handeln kann. Sie kommt bei Menschen infrage, die in allen Belangen vertreten werden müssen. Zu denken ist an schwer geistig Behinderte oder an Personen, die ihre Interessen stets falsch einschätzen, die Realität verkennen oder nicht wahrnehmen können.

Der Bundesrat schrieb im Juni 2006 in der Botschaft zum Erwachsenenschutzgesetz über die umfassende Beistandschaft: «Zum einen steht sie zur Verfügung, wenn man es nicht verantworten kann, dass eine Person Rechtshandlungen vornimmt; ihre Handlungsfähigkeit soll bewusst entzogen werden. Zum andern geht es um Personen, die überhaupt nicht mehr handeln können, deren Handlungsfähigkeit demnach ohnehin nicht gegeben ist.» Was 2006 galt, ist auch heute noch gültig. Doch die umfassende Beistandschaft sollte eigentlich fast nie angewendet werden. Eine massgeschneiderte Beistandschaft würde in den allermeisten Fällen den nötigen Schutz geben.

Wie es der Name schon sagt, handelt es sich bei dieser Massnahme um die umfassendste aller Beistandschaften. Sie belässt der verbeiständeten Person kaum Raum zur Selbstbestimmung, denn die gesamte Handlungsfähigkeit fällt von Gesetzes wegen dahin. Eine umfassende Beistandschaft bezieht sich auf sämtliche Angelegenheiten der Personensorge, der Vermögenssorge und des Rechtsverkehrs (siehe Glossar). So gesehen ist die umfassende Beistandschaft eigentlich eine Vertretungsbeistandschaft für sämtliche Angelegenheiten. Die Beiständin vertritt die verbeiständete Person in allen Lebensbereichen – mit Ausnahme der absolut höchstpersönlichen Rechte (siehe Glossar). Anders als bei den anderen Beistandschaften benötigt die Beiständin keine Umschreibung ihrer Aufgabenbereiche, weil die Massnahme von Gesetzes wegen umfassend ist.

Wer unter umfassender Beistandschaft steht, kann keine elterliche Sorge ausüben. Wenn der andere Elternteil die elterliche Sorge auch nicht ausüben kann, erhalten die Kinder einen Vormund (siehe Seite 98).

INFO *Zwar ist die umfassende Beistandschaft das Pendant zur früheren Vormundschaft, doch die Massnahme wird nicht im Amtsblatt veröffentlicht (wie dies bei Vormundschaften der Fall war). Aber dem Zivilstandsamt muss die Kesb eine Meldung machen: Wer nämlich wegen dauernder Urteilsunfähigkeit unter umfassender Beistandschaft steht, ist vom Stimm- und Wahlrecht ausgeschlossen.*

Umfassend verbeiständete volljährige Kinder

Nach altem Recht konnte das Sorgerecht der Eltern für ihre Kinder über die Volljährigkeit hinaus erstreckt werden. Solche Kinder waren entmündigt, aber nicht bevormundet. Eltern von geistig behinderten Kindern wurde oft die erstreckte Sorge gewährt.

Seit der Einführung des Erwachsenenschutzrechts ist dies nicht mehr möglich. Ein damals bestehendes erstrecktes Sorgerecht wurde automatisch in eine umfassende Beistandschaft umgewandelt; die Eltern wurden per 1. Januar 2013 also zu umfassenden Beiständen. Sollte eine solche Massnahme heute noch bestehen, wäre von der Kesb und von den Eltern zu prüfen, ob eine mildere Massnahme ihren Zweck nicht auch erfüllen würde. Der Entscheid darüber obliegt der Kesb.

UMFASSENDE BEISTANDSCHAFT IM ÜBERBLICK

Wird die Handlungsfähigkeit eingeschränkt?	Ja
Muss man urteilsfähig sein?	Nein, eine umfassende Beistandschaft wäre für Urteilsfähige nicht angemessen.
Wird man vom Beistand vertreten?	Ja
Kann die Beistandschaft gegen den eigenen Willen angeordnet werden?	Ja
Kann man selber Entscheidungen fällen?	Nur in einem ganz kleinen Rahmen
Wird die Beistandschaft aufgehoben, wenn man das wünscht?	Nein, nur wenn die Massnahme nicht mehr nötig ist

Das Ende der Beistandschaft

Es gibt viele Gründe, weshalb eine Beistandschaft errichtet wird. Nicht mehrere Gründe, sondern lediglich zwei braucht es, damit eine Beistandschaft wieder aufgehoben wird. Der eine Grund ist, dass die Beistandschaft nicht mehr nötig ist, der andere Grund ist, dass die verbeiständete Person verstorben ist. Kein Grund, die Beistandschaft zu beenden, ist die Tatsache, dass der Beistand aufhört zu arbeiten, dass er urteilsunfähig wird oder selber stirbt. Dann ernennt die Kesb einfach einen neuen Beistand.

FAKTENCHECK: FÜR IMMER VERBEISTÄNDET?

«Wer in die Fänge der Kesb gerät und verbeiständet wird, bleibt es für immer.»

Der Check: Es kann gute Gründe geben, dass jemand sein ganzes Leben lang verbeiständet sein muss. Wenn sich aber herausstellt, dass eine Beistandschaft nicht mehr nötig ist, wird sie von der Kesb auf Antrag der betroffenen oder einer nahestehenden Person oder gar von Amtes wegen aufgehoben.

Aufhebung der Beistandschaft bei Tod

Die amtlichen Befugnisse des Beistands, der Beiständin fallen weg, sobald die verbeiständete Person die Augen für immer geschlossen hat. Lediglich den Schlussbericht und gegebenenfalls die Schlussrechnung muss der Beistand der Kesb noch einreichen, diese wiederum stellt beides den Erben zu. Für die Abwicklung der Erbschaft ist der Beistand aber nicht zuständig, das ist Aufgabe der Erben und Erbinnen. Auch die Beerdigung, das Bezahlen offener Rechnungen und die Erbteilung sind Sache der Erben.

Die Beistandschaft ist nicht mehr nötig

Die Kesb hebt eine Beistandschaft auf Antrag der betroffenen oder einer nahestehenden Person oder von Amtes wegen auf, sobald für die Fortdauer kein Grund mehr besteht. So steht es in Artikel 399 ZGB.

Mit der Aufhebung endet auch das Amt des Beistands (mehr zum Amt des Beistands auf Seite 165).

Manchmal fragen Ratsuchende im Beobachter-Beratungszentrum, wie sie ihre Beistandschaft kündigen können. Das geht nicht. Auch dann nicht, wenn die Beistandschaft auf eigenen Wunsch errichtet wurde. Man kann lediglich bei der Kesb beantragen, dass die Beistandschaft aufgehoben wird. Nicht nur die verbeiständete Person selber, sondern auch ihr Nahestehende können einen solchen Antrag auf Aufhebung stellen. Die Kesb muss dann prüfen, ob dem Antrag stattgegeben werden kann. Wenn sich herausstellt, dass sich die Verhältnisse geändert haben und keine neuen Gründe für eine Beistandschaft hinzugekommen sind, ist die Massnahme nicht mehr nötig. Dann muss sie von der Kesb aufgehoben werden.

ALKOHOLPROBLEM IM GRIFF Gerda S. war früher starke Alkoholikerin und vernachlässigte wegen ihrer Krankheit sämtliche administrativen Angelegenheiten. Deshalb wurde sie verbeiständet. Inzwischen hat sich ihr Zustand aber stabilisiert. Sie ist wieder in der Lage, alle ihre Angelegenheiten selber zu regeln. Zudem geht sie seit Jahren in die Gesprächsgruppe der Anonymen Alkoholiker. Aus diesem Grund hebt die Kesb die Beistandschaft auf ihr Gesuch hin auf. Auch die Beiständin unterstützt diese Aufhebung.

Möglich ist auch, dass die Kesb bei einer der regelmässigen Überprüfungen selber merkt, dass eine Beistandschaft nicht mehr nötig ist – etwa weil die vorgesehenen Aufgaben erledigt sind, keine weiteren Handlungen und auch keine Unterstützung angezeigt sind. Viel häufiger ist es aber der Fall, dass eine Beiständin zum Schluss kommt, dass die bestehende Beistandschaft nicht mehr nötig ist. Wenn sie dieser Ansicht ist, kann sie ihr Mandat aber nicht einfach niederlegen. Sie muss die Aufhebung bei der Kesb beantragen.

INFO *Im Unterschied zur Beistandschaft für Erwachsene endet eine Beistandschaft für Kinder (Art. 308 ZGB) von selber – nämlich immer dann, wenn diese volljährig werden (siehe Seite 100).*

Die Beistandschaft wird nicht aufgehoben, aber umgewandelt

Möglich ist, dass nach einem Antrag auf Aufhebung die Beistandschaft nicht aufgehoben, sondern umgewandelt wird. Dies dann, wenn nach wie vor die Unterstützung eines Beistands nötig ist, aber in einer anderen Form. Es kann sein, dass eine bestimmte Beistandschaft nicht mehr angebracht ist, weil eine mildere Massnahme den Zweck auch erfüllt. Auch der umgekehrte Fall ist möglich: Eine bestehende Beistandschaft kann verschärft werden.

NUR SO VIEL SCHUTZ WIE NÖTIG Mit 25 wurde die heute 50-jährige Anita E. wegen einer schweren psychischen Krankheit bevormundet. Mit Inkrafttreten des Erwachsenenschutzgesetzes wurde die Vormundschaft automatisch in eine umfassende Beistandschaft umgewandelt. Ein Jahr später, 2014, wurde auf Antrag der Beiständin eine weniger einschneidende Massnahme eingerichtet: eine Vertretungsbeistandschaft mit Vermögensverwaltung. Nun beantragt Anita E. die Aufhebung dieser Massnahme. Weil sie seit mehreren Jahren in ambulanter Therapie ist und ihre Medikamente regelmässig einnimmt, ist ihr Zustand stabil. Doch die Beiständin hat in den vergangenen Jahren sehr viele Angelegenheiten für sie erledigt, sodass Anita E. nie gelernt hat, mit Versicherungen, Amtsstellen und Banken zu korrespondieren. Deshalb kann die Kesb die bestehende Beistandschaft nicht ganz aufheben. Sie wandelt sie um: Eine Begleitbeistandschaft erfüllt den Zweck auch.

Fürsorgerische Unterbringung

Die fürsorgerische Unterbringung (FU) ist neben den Beistandschaften eine weitere behördliche Massnahme. Mit einer FU kann jemand gegen seinen Willen in eine geeignete Einrichtung eingewiesen werden. Das Gesetz listet strenge Richtlinien auf, wann dies möglich ist.

In den gesetzlichen Bestimmungen steht, dass man in einer «geeigneten Einrichtung» untergebracht werden kann. «Geeignet» kann manche Einrichtung sein, beispielsweise auch ein Heim. Weil man bei einer FU aber meist in eine psychiatrische Klinik eingewiesen wird, wird im Folgenden nicht von «geeigneten Einrichtungen», sondern von psychiatrischen Kliniken gesprochen.

Normalerweise kann jeder urteilsfähige Mensch selber entscheiden, was er im Fall einer Krankheit tut: Einige gehen zum Arzt (einige gehen vielleicht zu häufig), andere gehen nie oder selten oder verzichten gar auf eine empfohlene Therapie und Behandlung. Dies ist im Sinn der Autonomie und der Selbstverantwortung eines jeden Einzelnen zu akzeptieren. Damit diese Selbstbestimmung in medizinischen Dingen bis zuletzt gewährleistet ist, gibt es die Patientenverfügung (siehe Seite 72): In einer solchen kann man nämlich bestimmen, dass man im Fall der Urteilsunfähigkeit lieber stirbt, als dass ein medizinischer Heileingriff vorgenommen wird. Im Rahmen einer FU gilt diese Selbstbestimmung allerdings nur bedingt.

INFO *Was hat eine zwangsweise Behandlung in einem Buch über die Kesb zu suchen, zumal Behandlung und Therapie eine Angelegenheit zwischen Psychiater oder Ärztin und Patient ist? Das Erwachsenenschutzrecht bestimmt, dass die Kesb bei einer FU in gewissen Situationen entscheiden und einschreiten muss und dass sie in gewissen Situationen von Gesetzes wegen involviert ist. Ebenso haben Gerichte mit einer FU zu tun.*

Gründe für eine FU

Staatliche Eingriffe ins Leben der Einwohner dieses Landes dürfen nur schonend erfolgen und nur dann, wenn sie dringend nötig sind.

Das Gesetz sieht Ausnahmen vom Grundsatz vor, dass man sich selbstbestimmt einer Behandlung unterziehen oder diese verweigern kann: Wenn jemand psychisch krank, geistig behindert oder verwahrlost ist und eine nötige Behandlung (oder Betreuung) nicht anderweitig, etwa ambulant, vorgenommen werden kann, entscheiden die Ärzte oder die Kesb, ob diese Person in eine psychiatrische Klinik eingewiesen wird. Möglich ist natürlich auch, dass sich jemand freiwillig einweisen lässt. Doch was bedeuten die Begriffe «psychische Störung», «geistig behindert» und «schwer verwahrlost»?

- Der Begriff **psychische Störung** umfasst die Krankheitsbilder der anerkannten Psychiatrie sowie auch sämtliche Suchterkrankungen.
- **Geistige Behinderung** bezeichnet einen andauernden Zustand unterdurchschnittlicher kognitiver Fähigkeiten, also eine Beeinträchtigung der Intelligenz. Diese ist nicht veränderbar.
- **Schwere Verwahrlosung** beschreibt einen Zustand, bei dem es der Menschenwürde widerspricht, die betroffene Person ohne die nötige Fürsorge sich selbst zu überlassen. Jemand, der auf der Strasse lebt, keinen Wohnsitz hat und auf staatliche oder private Unterstützung angewiesen ist, gilt nicht zwangsläufig als schwer verwahrlost. Schwere Verwahrlosung meint einen Extremfall von Selbstvernachlässigung (was Ernährung und Körperpflege anbelangt) und das Wohnen in hygienisch absolut inakzeptablen Unterkünften.

Jedermann, der diese Voraussetzungen erfüllt, kann zur Behandlung oder Betreuung wenn nötig zwangsweise in einer psychiatrischen Klinik untergebracht werden. Aber: Die meisten Eintritte in psychiatrische Kliniken erfolgen freiwillig. Schätzungen zufolge kommen ungefähr 25 Prozent aller Einweisungen auf der Grundlage einer FU zustande.

Auch wenn eine FU keine Strafe ist, ist sie dennoch ein schwerer Eingriff in das Grundrecht der persönlichen Freiheit. Die FU kommt nur dann zur Anwendung, wenn Gesellschaft, Mediziner, Sozialtätige, Psychologinnen, Juristen, Psychiaterinnen und Seelsorger keine ambulanten Möglichkeiten mehr sehen.

WANN KOMMT ES ZU EINER FU?

Psychische Störung Geistige Behinderung Schwere Verwahrlosung	und	Keine andere Möglichkeit für die notwendige Betreuung oder Behandlung	=	Fürsorgerische Unterbringung

Fremdgefährdung und Selbstgefährdung – ein Einweisungsgrund?

Wenn jemand Mordabsichten äussert, anderen Gewalt androht und Angst und Schrecken verbreitet, ist dies **Fremdgefährdung.** Für eine Fremdgefährdung ist jedoch die Justiz zuständig, nicht die Kesb und auch nicht die Psychiatrie. Fremdgefährdung ist nur dann ein Fall für die Psychiatrie, wenn sie im Zusammenhang mit einer psychischen Störung, einer geistigen Behinderung oder einer schweren Verwahrlosung steht. Andernfalls wäre jeder Gefährder, jeder potenzielle Attentäter und jeder Terrorist ein Fall für die Psychiatrie. Eine psychiatrische Klinik ist aber kein Gefängnis.

Von **Selbstgefährdung** spricht man, wenn sich jemand etwas antun will: Gemeint ist, dass sich jemand mit schweren und bleibenden Folgen verletzt oder verletzen will oder dass Suizidgefahr besteht. Weil eine Selbstgefährdung immer im Zusammenhang mit psychischen Störungen, geistigen Behinderungen oder einer schweren Verwahrlosung steht, kann sie ein Einweisungsgrund sein. Doch keine Regel ohne Ausnahme: Nicht jede Selbstgefährdung ist ein Grund für eine FU. Wer Sterbehilfe in Anspruch nehmen will, ist zwar selbstgefährdet, wird aber weder von der Kesb noch von Ärzten in eine Klinik eingewiesen – sofern er nicht psychisch krank, verwahrlost oder geistig behindert ist. Es gilt das Selbstbestimmungsrecht.

INFO *Auch ein Kind kann mittels FU in eine Klinik eingewiesen werden. Es handelt sich in diesen Fällen um eine Sondervorschrift zur Aufhebung des Aufenthaltsbestimmungsrechts (siehe Seite 93). Bei Minderjährigen unter elterlicher Sorge oder unter Vormundschaft gelten in diesem Fall die Vorschriften der FU (Art. 426 ff. ZGB).*

Wer darf einweisen?

Weder Familienmitglieder noch Nachbarn noch Freundinnen können eine FU aussprechen. Auch ein Beistand, eine Beiständin kann keine FU anordnen. Zuständig für die Anordnung einer FU ist die Kesb am Wohnsitz der betroffenen Person (Art. 428 ZGB). Wenn allerdings Gefahr im Verzug ist, liegt die Zuständigkeit bei der Kesb am Aufenthaltsort (Art. 422 Abs. 2 ZGB).

Der Vorentwurf des Gesetzes von 2003 und der Entwurf des Bundesrats sahen vor, dass neben der Kesb auch «geeignete Ärzte» eine Unterbringung anordnen können. Das Wort «geeignet» wurde vom Ständerat gestrichen (siehe Art. 429 ZGB). Die Kantone können deshalb selber bestimmen, ob Ärzte und Ärztinnen eine FU aussprechen können und welche von diesen das Recht dazu haben. So können in einigen Kantonen irgendwelche Ärzte eine FU anordnen, also nicht bloss Psychiater oder Notfallärzte. In allen Kantonen gilt aber, dass ein Arzt für eine FU den Patienten, die Patientin persönlich untersuchen muss.

NOTFALLARZT ORDNET FU AN Der 24-jährige Florian H. leidet an einer Psychose und hat Wahnvorstellungen. In akuten Phasen fühlt er sich rund um die Uhr beobachtet und verfolgt, nimmt seine Medikamente nicht mehr ein und geht auch nicht mehr zu seinem Psychiater. Er hört Stimmen und ist überzeugt, dass seine Nachbarn Terroristen sind – deshalb greift er diese unvermittelt an. Der herbeigerufene Notfallarzt ordnet eine FU an. Nach langem Hin und Her setzt sich Florian H. ins Auto der Sanität, obwohl er den Sinn einer Hospitalisation nicht einsieht.

FU VON DER KESB ANGEORDNET Katja C. hat zunehmend depressive Episoden, in denen sie exzessiv trinkt. Sie geht kaum noch aus ihrer Wohnung. Als der Briefkasten überquillt und unangenehme Gerüche aus der Wohnung dringen, machen besorgte Nachbarn bei der Kesb eine Gefährdungsmeldung. Bei einem Hausbesuch wird festgestellt, dass Katja C. ihren Haushalt nicht nur vernachlässigt, sondern überhaupt nicht mehr besorgt. Die Kesb versucht ihr ambulante Unterstützung anzubieten. Doch Katja C. verweigert jegliche Hilfe und droht damit, eine Überdosis Schlaftabletten zu schlucken. Die Kesb ordnet deshalb eine FU an. Dieser widersetzt sich Katja C. mit Schlägen, Tritten, Flüchen und Morddrohungen. Schliesslich muss sie mit der Polizei zur Behandlung in eine psychiatrische Klinik gebracht werden (dass polizeiliche Hilfe beansprucht wird, erlaubt das Gesetz).

Wie lange dauert eine FU?

Die Zeiten sind vorbei, da jemand einfach auf unbestimmte Zeit eingesperrt werden konnte – es sei denn, ein gefährlicher Straftäter werde verwahrt. Eine Verwahrung ist aber Sache der Justiz und hat nichts mit einer FU zu tun. Zwar kann auch eine FU in Einzelfällen sehr lange dauern, aber sie wird regelmässig überprüft.

- Eine ärztlich angeordnete FU darf höchstens sechs Wochen dauern. Spätestens dann wird die betroffene Person durch die Klinik entlassen. Ist die FU weiterhin nötig, muss sie von der Kesb verfügt werden. Sollte die Kesb entscheiden, dass man nicht entlassen wird, kann man innerhalb von zehn Tagen ans Gericht gelangen (siehe Muster im Anhang). Die gesetzliche Grundlage dafür ist Artikel 429 ZGB.
- Wenn die Kesb jemanden in eine Klinik einweist, kann dies vorerst für maximal sechs Monate sein. Wenn die betroffene Person während dieser Zeit nicht entlassen werden kann, prüft die Kesb spätestens nach den sechs Monaten, ob die Voraussetzungen für eine FU (siehe Seite 141) noch erfüllt sind und ob die Hospitalisation in der Klinik weiterhin geeignet ist. Hat die Kesb Anhaltspunkte, dass die FU aufrechterhalten werden muss, muss sie diese neu verfügen. Sie führt dann innerhalb von weiteren sechs Monaten eine zweite Überprüfung durch. Anschliessend wird die Überprüfung so oft wie nötig durchgeführt, mindestens aber einmal jährlich. So steht es wortwörtlich im Gesetz (Art. 431 ZGB).

Sind Sie nicht einverstanden mit der Verfügung der Kesb, dass die FU weitergeführt werden soll, können Sie dagegen Beschwerde einlegen. Einen Musterbrief finden Sie im Anhang.

INFO *Normalerweise sind die Entscheide einer Behörde erst dann gültig, wenn man innert einer gewissen Frist keine Beschwerde eingelegt hat. Bei einer FU ist das immer anders:*

Jeder Entscheid kann sofort umgesetzt werden, selbst wenn man Beschwerde macht. Man nennt dies «Entzug der aufschiebenden Wirkung».

Freiwillig in die Klinik gegangen und gegen den eigenen Willen zurückbehalten

Grundsätzlich kann jeder Patient, der freiwillig in eine Klinik geht, diese jederzeit wieder verlassen. Von diesem Grundsatz kann abgewichen werden, wenn jemand aufgrund seiner Krankheit sich selbst oder Dritte ernsthaft gefährdet. Ob dies der Fall ist, entscheidet die ärztliche Leitung. Drei Tage kann die ärztliche Leitung jemanden in der Klinik zurückbehalten, dann muss die Person entlassen werden. Drei Tage bleibt also Zeit, damit die Kesb oder die Ärzteschaft die Situation überprüfen und notfalls eine fürsorgerische Unterbringung anordnen kann.

Die betroffene Person muss schriftlich darauf aufmerksam gemacht werden, dass sie gegen diese Anordnung das Gericht anrufen kann und welches Gericht zuständig ist (Art. 427 ZGB).

Der Behandlungsplan in der Klinik

In psychiatrischen Kliniken ist es üblich, mit den Patienten und Patientinnen einen mündlichen oder schriftlichen Behandlungsplan zu erstellen. Im Rahmen einer FU ist ein solcher Plan – ausser in Notfällen – immer schriftlich festzuhalten. Ebenso ist es üblich, dass die Behandlungswünsche der Patienten berücksichtigt werden, wobei diese Wünsche aber eine sinnvolle Behandlung nicht verunmöglichen dürfen.

Im Behandlungsplan wird nebst den Personalien die Diagnose festgehalten. Zudem ist im Behandlungsplan beschrieben, welche Therapie sinnvoll ist und welche Folgen, Risiken, Chancen und Nebenwirkungen bestehen. Kurz: Der Patient, die Patientin muss umfassend darüber ins Bild gesetzt werden, welche Massnahmen aus psychiatrischer Sicht angezeigt sind. Auf Wunsch einer Patientin muss deren Vertrauensperson beigezogen werden (siehe Seite 147). Dies regelt Artikel 433 ZGB.

Wenn der Patient, die Patientin dem Behandlungsplan nicht zustimmt, kann dieser nicht umgesetzt werden – es sei denn, es handle sich um einen Notfall (Zwangsbehandlung, siehe Seite 147).

Patientenverfügung und FU

In einer Patientenverfügung kann man auch Behandlungswünsche in Bezug auf eine allfällige psychische Störung festhalten. Doch solche Anordnungen müssen von der Ärzteschaft im Rahmen einer FU und des Behandlungsplans nicht zwingend befolgt, sondern lediglich berücksichtigt werden. Anordnungen in einer Patientenverfügung für den Fall einer psychischen Krise sind somit keine verbindlichen Weisungen (Art. 433 Abs. 3 ZGB).

Ist die Person, die sich mittels FU in einer Klinik befindet, urteilsfähig, ist sowieso alles gegenstandslos, was in der Patientenverfügung festgehalten wurde. Es zählt einzig und allein der aktuelle Wille und nicht, was in der früher verfassten Patientenverfügung steht. Ist die Person aber urteilsunfähig, sind Anweisungen, die sich auf rein körperliche Krankheiten beziehen, auch während einer FU verbindlich: Was beispielsweise in Bezug auf eine Krebserkrankung festgehalten wurde, gilt bei Urteilsunfähigkeit auch während einer FU – nicht aber das, was bezüglich einer Psychose festgehalten ist.

Wenn nahestehende Personen oder die Vertrauensperson (siehe nächste Seite) Anhaltspunkte haben, dass der Patientenverfügung zu Unrecht nicht entsprochen wird, können sie an die Kesb gelangen: Das kann man grundsätzlich immer, wenn einer Patientenverfügung nicht entsprochen wird.

SO WEIT MÖGLICH, GILT DIE PATIENTENVERFÜGUNG Carola T. hat in ihrer Patientenverfügung festgehalten, dass sie in einem psychischen Ausnahmezustand lieber in einem Klinikzimmer isoliert werden will, statt medikamentös ruhiggestellt zu werden. Wenn eine Isolation in der konkreten Situation genügt, muss Carola T. von der Klinik isoliert werden. Eine Medikamenteneinnahme darf nicht erzwungen werden.

TIPP *Psychisch Kranke müssen auf einige spezielle Punkte achten, wenn sie eine Patientenverfügung erstellen. Eine gute Vorlage findet sich bei Pro Mente Sana (www.promentesana.ch → Angebote → Patientenverfügung).*

Die Vertrauensperson in der Klinik

Wer sich unfreiwillig in der Klinik aufhält, kann laut Artikel 432 ZGB eine Vertrauensperson bestimmen: Deren Aufgabe ist es, den Patienten, die Patientin über Rechte und Pflichten zu informieren, beim Formulieren von Anliegen zu helfen, bei Konflikten zu vermitteln und ihm oder ihr beizustehen. Mit Einverständnis des Patienten hat die Vertrauensperson auch Einblick in die Krankengeschichte.

Weder die Kesb noch jemand in der Klinik kann eine Vertrauensperson bestimmen. Auch Angehörige können sich nicht selber zur Vertrauensperson ernennen. Eine Vertrauensperson zu bestimmen, ist ein absolut höchstpersönliches Recht (siehe Glossar) des Patienten, der Patientin. Dazu muss man aber urteilsfähig sei. Wenn jemand urteilsunfähig ist und keine Vertrauensperson bestimmen kann, muss die Kesb für die Dauer des FU-Verfahrens einen Beistand einsetzen.

Hat der Patient eine Vertrauensperson bestimmt, darf die Klinik diese nicht ablehnen. Wenn die Vertrauensperson dem Patienten aber mehr schadet als nützt, kann die Kesb sie anweisen, das eine zu tun oder das andere zu lassen. Weil eine Vertrauensperson jedoch nicht von der Kesb eingesetzt wird, untersteht sie ansonsten keiner Kontrolle durch die Kesb.

Die Vertrauensperson kann weder von der Klinik noch von der Kesb eine Entschädigung verlangen. Eine allfällige Entschädigung könnte mit dem Patienten ausgehandelt werden. In aller Regel darf man aber davon ausgehen, dass die Person des Vertrauens kein Geld verlangt.

Zwangsbehandlungen in einer Klinik

Es gibt dubiose Organisationen, die angeblich für die Rechte von psychisch Kranken einstehen. Sie behaupten, dass jede Zwangsbehandlung Folter sei. Oder dass Pharmaindustrie und Psychiatrie mit ihren chemischen, physischen und psychischen Fesseln auf Freigeister zielen würden. Diese Organisationen verkennen, dass die Bestimmungen der FU mit der Europäischen Konvention zum Schutz der Menschenrechte (EMRK) abgestimmt sind. Und sie verschliessen die Augen vor der Tatsache, dass ein Mensch in einen Zustand geraten kann, in dem er sich oder andere wegen Wahnvorstellungen verletzen oder töten will. Oder dass ein Mensch in einem psychischen Ausnahmezustand Drohungen ausspricht und seine Umgebung in Angst und Schrecken versetzt. Solche Zustände erfordern manchmal eine Behandlung ohne Zustimmung der betroffenen Person – eben eine Zwangsbehandlung. «Zwangsmassnahmen» sind also Massnahmen des Behandlungsplans, denen der mittels FU untergebrachte Patient nicht zustimmen will oder nicht zustimmen kann.

Die Bedingungen für Zwangsmassnahmen

Ein Chefarzt, eine Chefärztin kann eine solche Zwangsmassnahme unter folgenden Bedingungen anordnen:

- Ohne Behandlung würde sich die betroffene Person einen ernsthaften gesundheitlichen Schaden zufügen oder sie würde das Leben oder die körperliche Integrität Dritter ernsthaft gefährden.
- Die betroffene Person ist in Bezug auf ihre Behandlungsbedürftigkeit urteilsunfähig und es steht keine andere Massnahme zur Verfügung, die weniger einschneidend ist.

Wenn Behandlungen ohne Zustimmung und gegen den Willen einer Person zwangsweise umgesetzt werden, muss dies schriftlich angeordnet werden. Diese schriftliche Anordnung mit Rechtsmittelbelehrung muss der Patientin, dem Patienten und der Vertrauensperson ausgehändigt werden. Beide können sich einzeln oder zusammen innert zehn Tagen schriftlich beim Gericht gegen die Zwangsbehandlung beschweren.

ZWANGSWEISE MEDIKAMENTIERUNG Die Klinikärztin schlägt Florian H. (siehe Beispiel auf Seite 143) einen Behandlungsplan vor. Doch er will davon nichts wissen. Weil er unter Wahnvorstellungen leidet, geht er auf alle und alles los und übt Gewalt aus. Weil er sich in einem Isolierzimmer selber gefährden würde, ist es unumgänglich, dass ihm zwangsweise Medikamente verabreicht werden. Er erhält einen Entscheid, den er aber nicht ans Gericht weiterzieht.

Beschwerden und Entlassungsgesuche

«Bei einem Entscheid auf dem Gebiet der fürsorgerischen Unterbringung beträgt die Beschwerdefrist zehn Tage seit Mitteilung des Entscheids», heisst es in Artikel 450b Absatz 2 ZGB. Verpasst man diese Frist, gilt der Entscheid. Dasselbe Gesetz schreibt aber auch Folgendes vor: «Die betroffene Person oder eine ihr nahestehende Person kann jederzeit um Entlassung ersuchen.» (Art. 426 Abs. 4 ZGB)

Was nun? Kann man sich bloss innert zehn Tagen oder jederzeit wehren? Hier die Erklärung:

- Gegen eine fürsorgerische Unterbringung als solche und gegen alle Massnahmen, die während einer FU angeordnet werden, kann man sich (auch ohne Begründung) innert zehn Tagen schriftlich beim Gericht beschweren. Welches Gericht zuständig ist, steht jeweils im Entscheid.
- Wer fürsorgerisch untergebracht ist, kann zudem jederzeit eine Entlassung verlangen, auch nach Ablauf dieser zehn Tage. Nahestehende Personen können ebenfalls ein Entlassungsgesuch stellen. Wurde man von einem Arzt eingewiesen, geht das Gesuch an die Klinik, es reicht eine mündliche Erklärung gegenüber dem Personal. Hat die Kesb die Einweisung verfügt, muss das Gesuch an sie gerichtet sein.
  Über das Entlassungsgesuch muss «ohne Verzug» entschieden werden, also so rasch wie möglich. Wenn das Entlassungsgesuch abgelehnt wird, kann man sich wiederum innert zehn Tagen beim Gericht beschweren.
- Wenn die Kesb eine FU angeordnet hat, kann die betroffene oder eine ihr nahestehende Person den Entscheid ebenfalls schriftlich innert zehn Tagen ohne Begründung von einem Gericht beurteilen lassen. Nach Ablauf dieser Frist kann man ebenfalls wie oben beschrieben ein Entlassungsgesuch stellen, bei der Kesb oder bei der Klinik. Bei einem ablehnenden Entscheid kann man sich dann wiederum innert zehn Tagen ans Gericht wenden.

Kommt die Angelegenheit vor ein Gericht, gibt es eine Gerichtsverhandlung, bei der man begründen muss, weshalb man mit dem Entscheid nicht einverstanden ist. Bei psychischen Störungen muss gestützt auf das Gutachten einer sachverständigen Person entschieden werden, heisst es in

Artikel 450e Absatz 3 ZGB (zum Gutachten siehe Seite 39 und 107). Ferner sagt das Gesetz, dass das Gericht in der Regel innert fünf Arbeitstagen seit Eingang der Beschwerde einen Entscheid fällen soll (Art. 450e Abs. 5 ZGB).

Auch urteilsfähige Kinder, die mittels FU in einer Klinik sind (siehe Seite 142), können – ohne Segen der Kesb oder der Eltern – ans Gericht gelangen, wenn sie mit der Massnahme nicht einverstanden sind.

ENTLASSUNG ABGELEHNT Katja C., die von der Kesb in die psychiatrische Klinik eingewiesen wurde (siehe Beispiel auf Seite 143), erhebt Beschwerde gegen die Einweisung. Ihre Beschwerde wird aber vom Gericht abgewiesen: In ihrem Zustand könne sie nicht entlassen werden. In der Folge stellt sie ein Entlassungsgesuch. Dieses wird geprüft und ebenfalls abgelehnt. Als Katja C. anfängt, mehrmals täglich ein Entlassungsgesuch zu stellen, werden die Gesuche nicht mehr bearbeitet. Die Kesb ist dennoch verpflichtet, regelmässig zu überprüfen, ob der Klinikaufenthalt gegen ihren Willen noch nötig ist (siehe Seite 144).

ENTLASSUNG GUTGEHEISSEN Florian H., der vom Notfallarzt in die Klinik eingewiesen wurde (siehe Beispiel auf Seite 143), erhebt

VIER TIPPS, WENN SIE DIE KLINIK VERLASSEN WOLLEN

- Die in Ihrer Krankengeschichte enthaltenen Informationen sind wichtig für ein Rekursverfahren. Sie selbst und die von Ihnen ermächtigten Personen können Einblick in die Krankengeschichte verlangen.
- Wenn Sie ein Rekursverfahren nicht allein durchziehen können, können Sie einen Anwalt beiziehen. Sind Sie mittellos, sollten Sie dies bereits in Ihrem Schreiben ans Gericht erwähnen und ein Gesuch um unentgeltliche Rechtspflege stellen (siehe Seite 50).
- Es gibt Organisationen, die sich angeblich für die Rechte von psychisch Kranken einsetzen und sich für deren Entlassung aus der Klinik einsetzen. Nach Einschätzung vieler Fachleute und Betroffener setzen sie sich aber nicht wirklich für die Patientinnen und Patienten ein. Sie engagieren sich bloss aus politischer, weltanschaulicher oder religiöser Überzeugung. Vertrauenswürdige Kontaktadressen finden Sie im Anhang.
- Ob ein Klinikaufenthalt nicht vielleicht doch sinnvoll ist, besprechen Sie am besten mit Ihrer Vertrauensperson.

nach acht Tagen Beschwerde gegen den Unterbringungsentscheid. Das Gericht entscheidet, dass er entlassen werden muss. Florian H. nimmt seine Medikamente wieder freiwillig ein und konsultiert seinen Psychiater regelmässig. Die Kesb war bei seinem Aufenthalt nicht involviert.

Die Rolle der Kesb bei einer FU

Die Kesb kann eine Einweisung in eine psychiatrische Klinik veranlassen. Ansonsten schaltet sie sich bei einer FU nur ein, wenn sie von der Klinik kontaktiert wird, wenn sie auf ein Entlassungsgesuch hin tätig werden muss. Darüber hinaus muss die Kesb die Notwendigkeit einer Unterbringung regelmässig überprüfen, damit niemand grundlos hinter den Mauern einer Klinik bleibt. Eine solche Überprüfung findet aber nur statt, wenn jemand aufgrund eines Entscheids der Kesb untergebracht ist – die ärztliche Unterbringung ist nur für die Dauer von sechs Wochen möglich, einen weiteren Klinikaufenthalt muss die Kesb verfügen.

Für die Überprüfung muss die Kesb einen Bericht der Klinik einholen und die betroffene Person persönlich anhören. Der Entscheid muss der Klinik, der betroffenen Person und der Vertrauensperson eröffnet werden. Zuständig für die periodische Überprüfung ist die Kesb am Wohnsitz der betroffenen Person, auch wenn diese von der Kesb des Aufenthaltsorts eingewiesen worden ist.

FAKTEN CHECK

FÜRSORGERISCHE UNTERBRINGUNG – BLOSS EIN NEUER NAME?

«Der ‹fürsorgerische Freiheitsentzug› ist in ‹fürsorgerische Unterbringung› umbenannt worden, damit die Massnahme harmlos klingt.»

Der Check: Was umgangssprachlich «fürsorgerischer Freiheitsentzug» genannt wird, hiess im Vormundschaftsrecht «fürsorgerische Freiheitsentziehung», kurz «FFE». Dieser Teil des Vormundschaftsrechts ersetzte ab 1981 auf Bundesebene die bislang kantonalen Bestimmungen für «Gesindel, Arbeitsscheue und Liederliche». Die FFE wurde von Anfang an immer wieder kritisiert: Sie war zwar besser als die kantonalen Bestimmungen, berücksichtigte die Rechte von Betroffenen aber zu wenig.

Fürsorgerische Unterbringung klingt tatsächlich harmloser als fürsorgerische Freiheitsentziehung: Freiheitsentziehung tönt nach Strafe, Unterbringung weniger. Doch nicht nur der Name wurde verändert:

- Im alten Recht konnte jemand unbefristet und ohne Überprüfung in eine Klinik eingewiesen werden. Dies ist heute nicht mehr möglich.
- Unklar war früher, was passieren sollte, wenn eine Person, die freiwillig eingetreten war, die Klinik verlassen wollte. Heute ist dies geklärt: Die Zurückbehaltung darf nur drei Tage lang dauern.
- Heute wird regelmässig überprüft, ob ein Aufenthalt noch nötig ist. Dies war früher nicht der Fall.
- Was bei Zwangsmassnahmen gilt, war früher nicht geregelt. Dies ist heute auf Bundesebene geregelt.
- Heute kann jeder Patient, der mit einer FU in einer Klinik ist, eine Vertrauensperson beiziehen.

Sonderfall: Was gilt für Urteilsunfähige in einem Heim?

Urteilsunfähige, die in einem Heim leben, werden kaum je mit einer FU eingewiesen, obwohl dies grundsätzlich möglich wäre. Dennoch sind sie meist nicht in der Lage, sich im Heim für ihre Rechte einzusetzen. Die Kesb muss ihnen helfen und sie schützen. Nicht umsonst sind die vier Buchstaben Kesb die Abkürzung von Kindes- und Erwachsenenschutzbehörde.

Das Erwachsenenschutzrecht verpflichtet jedes Wohn- oder Pflegeheim, die Persönlichkeit einer urteilsunfähigen Person zu schützen und ihr Kontakte mit Menschen ausserhalb der Einrichtung zu ermöglichen. Die Heime müssen die Kesb informieren, wenn sich niemand um einen urteilsunfähigen Heimbewohner kümmert. In solchen Fällen stellt die Kesb der betroffenen Person einen Beistand zur Seite, der ihre Rechte vertritt.

Wenn urteilsunfähige Betagte oder geistig Behinderte über ein intaktes Umfeld verfügen, sind die Personen vertretungsberechtigt, die auch bei medizinischen Massnahmen mitzureden haben (Kaskadenordnung, Seite 75). Für urteilsunfähige Personen muss zudem stets in einem schriftlichen Betreuungsvertrag zwischen Heim und Bewohner festgelegt werden, welche Leistungen das Heim erbringt und welches Entgelt dafür geschuldet ist. Einen solchen Betreuungsvertrag können die vertretungsberechtigten Personen unterschreiben, ohne sich damit selbst finanziell zu verpflichten, denn der Betreuungsvertrag dient in erster Linie der Transparenz: Es soll ersichtlich sein, was die Betreuung im Alltag alles umfasst. Zu denken ist zum Beispiel an Ausflüge, kulturelle Angebote, Therapien und Beschäftigungen aller Art.

Das Wichtigste dabei ist, dass auf die Wünsche der Urteilsunfähigen Rücksicht genommen werden muss. Solche Wünsche können die Lebensgestaltung, die Körperpflege, die Ernährung, Therapien, Beschäftigungen und die Sterbebegleitung betreffen.

Wenn die Bewegungsfreiheit eingeschränkt wird

Es kommt recht häufig vor, dass die Bewegungsfreiheit von Menschen im Heim eingeschränkt werden muss – zu ihrem eigenen Schutz. Nicht erlaubt ist eine solche Einschränkung, wenn bloss zu wenig Personal vorhanden ist, um die Bewohnerinnen und Bewohner adäquat zu betreuen. Erlaubt ist sie hingegen, wenn es eine ernsthafte Gefahr für das Leben oder die körperliche Integrität des Betroffenen abzuwenden gilt oder wenn das Gemeinschaftsleben im Heim schwerwiegend gestört wird.

Konkret muss das Personal in solchen Fällen jeweils entscheiden, ob Türen abgeschlossen, Bettgitter angebracht werden sollen oder ob jemand auf dem Stuhl angegurtet werden darf. Die vertretungsberechtigte Person muss über jede dieser Massnahmen informiert werden und hat das Recht auf Einsicht in die Betreuungs- und Pflegeprotokolle. Wenn die betroffene oder eine ihr nahestehende Person mit einer Massnahme zur Einschränkung der Bewegungsfreiheit nicht einverstanden ist, kann sie jederzeit schriftlich an die Kesb gelangen.

Stellt die Kesb fest, dass eine Einschränkung der Bewegungsfreiheit nicht angebracht ist, verfügt sie die Änderung oder die Aufhebung. Nötigenfalls benachrichtigt sie das Aufsichtsgremium des Heims. Die Kantone müssen Wohn- und Pflegeeinrichtungen, in denen urteilsunfähige Personen betreut werden, zwingend einer Aufsicht unterstellen. Wer diese Aufsicht hat, ist von Kanton zu Kanton unterschiedlich.

PORTRÄT EINES BEISTANDS IM ERWACHSENENSCHUTZ

«Im Zentrum steht die Würde des Menschen»

Sebastian Züst, Jahrgang 1987, aus dem Kanton Uri, Berufsbeistand

Seit 2014 bin ich Berufsbeistand für Erwachsene in einer Schweizer Stadt. Es ist ein Beruf, in dem man jeden Tag Neues lernt und mit neuen Themen konfrontiert wird.

Die rechtlichen Möglichkeiten einer Schutzmassnahme geben mir einen grossen Handlungsspielraum und viele Kompetenzen. Dank Vertretungsrechten ist es mir möglich, mit gezielten Interventionen positive Veränderungen für meine Klientinnen und Klienten herbeizuführen – sei es bei ihren Finanzen, ihrer Wohnsituation oder bei ihrer Arbeit. Doch selbstverständlich bin nicht nur ich derjenige, der handelt: Es gehört zur Aufgabe eines Beistands, dass er eine verbeiständete Person im Umgang mit Herausforderungen unterstützt, ihr Hilfe zur Selbsthilfe gibt.

Im Zentrum meiner Arbeit steht die Würde des Menschen. Unabhängig von den Ressourcen, dem Hintergrund und den Kompetenzen der verbeiständeten Person kann ich meinen Beitrag dazu leisten, dass sie würdevoll leben kann und zu ihrem Recht kommt. Ja, selbst unter erschwerten Bedingungen können kleinere oder grössere Ziele angegangen werden, um die Lebensqualität zu steigern.

«Würde und Qualität» – das ist die Maxime meines Handelns. Meine Vorstellungen davon kollidieren hie und da mit den Vorstellungen der Klienten und Klientinnen, oft auch mit denen ihres Umfelds oder anderer involvierter Personen. Manchmal kommt es deshalb zu Auseinandersetzungen: Es kann vorkommen, dass jemand aggressiv wird und mich bedroht.

Als Beistand bin ich ständigem Druck ausgesetzt, denn ich habe hohe Erwartungen zu erfüllen – Erwartungen der verbeiständeten Person, der Kesb, des Umfelds, der Gesellschaft. Ich bin mir bewusst, dass ich in einem Feld arbeite, das auch politisch und gesellschaftlich «explosiv» ist. Dazu kommen die Erwartungen, die ich an mich selber stelle. Die Belastung ist deshalb konstant hoch. Trotzdem kann ich mich abgrenzen und mache meine Arbeit stets so, dass ich mit gutem Gewissen in den Spiegel schauen kann. Dies kann ich, wenn ich meine Entscheidungen gut begründe, sie mit bestem Wissen und Gewissen fälle – und sie einzig und allein im Interesse der verbeiständeten Person fälle, nicht im Interesse anderer.

Trotz der hohen Belastung finde ich viel Befriedigung in meiner Arbeit. Mit sorgfältiger Reflexion, engem Austausch mit anderen Fachpersonen und einer grossen Portion Humor kann ich mich für meine Klientinnen und Klienten einsetzen.

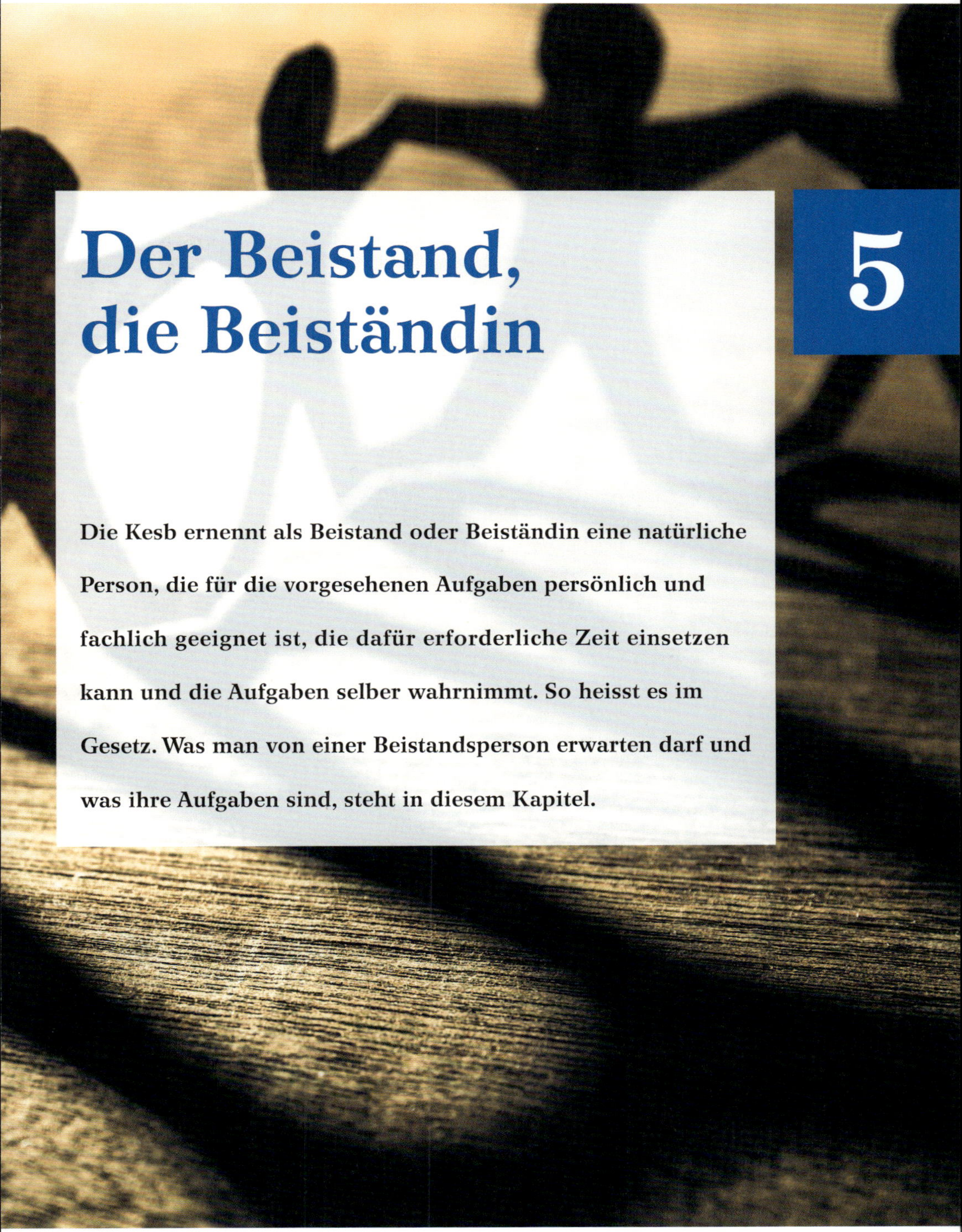

Der Beistand, die Beiständin

5

Die Kesb ernennt als Beistand oder Beiständin eine natürliche Person, die für die vorgesehenen Aufgaben persönlich und fachlich geeignet ist, die dafür erforderliche Zeit einsetzen kann und die Aufgaben selber wahrnimmt. So heisst es im Gesetz. Was man von einer Beistandsperson erwarten darf und was ihre Aufgaben sind, steht in diesem Kapitel.

Beistand und Beiständin – ein Steckbrief

Nicht jede Beistandsperson ist für jedes Mandat geeignet. Ein vernachlässigtes Kind darf von seiner Beiständin etwas anderes erwarten als ein Geschäftsmann, der den Überblick über seine Buchhaltung verloren hat. Auch benötigt eine psychisch kranke Person von einem Beistand andere Hilfestellungen als ein Urteilsunfähiger in einem Pflegeheim.

Dass ein und dieselbe Person so viele verschiedene Kompetenzen in sich vereint, dürfte in den wenigsten Fällen der Fall sein. Die Kesb muss deshalb jemanden suchen, der über diejenigen Fähigkeiten verfügt, die die hilfsbedürftige Person benötigt. Grundsätzlich muss die Kesb darauf achten, dass die verbeiständete Person und der Beistand, die Beiständin miteinander harmonieren, sich im besten Fall sogar mögen.

Sehr häufig arbeiten die Beistände und Beiständinnen auf einem Sozialdienst oder auf einer Berufsbeistandschaft in einem sogenannten Familien- oder Erwachsenenprofil. Je nachdem führt dann eine Beistandsperson eher Massnahmen für Kinder oder Beistandschaften für Erwachsene. Beistandspersonen unterstehen in ihrer Amtsführung immer einer generellen Aufsicht durch die Kesb.

Das kann man von einer Beistandsperson erwarten

Auch wenn sich die Aufgaben einer Beiständin im Erwachsenenschutz von denjenigen eines Beistands im Kindesschutz unterscheiden, haben beide ein ähnliches Anforderungsprofil. Minimale Anforderungen sind Reife und Lebenserfahrung, Belastbarkeit, Sozialkompetenz und eine integre Persönlichkeit.

Eine Beistandsperson benötigt nebst Fachwissen eine Fülle von Charaktereigenschaften, die im Kontakt mit anderen Menschen nützlich und notwendig sind und die Zusammenarbeit mit der verbeiständeten Person positiv beeinflussen. Eine Beistandsperson kann ihre eigenen Gefühle wahrnehmen und diese auch in Worte fassen. Sie kann ihre Stärken zeigen, ohne ihre Macht auszuspielen und andere zu überfahren. Das gelingt, wenn sie bereit ist, zu ihren Schwächen und Fehlern zu stehen, ohne sich gleich als ganze Persönlichkeit abzuwerten. Zudem muss die Beistandsperson Kritik annehmen und auch einmal ungerechtfertigte Kritik wegstecken können. Eine gute Beistandsperson weiss, dass sie nicht unfehlbar ist, und sie kann um Entschuldigung bitten, wenn dies angebracht ist.

Ein Beistand muss nicht nur Kritik einstecken, er muss auch Kritik anbringen können. Er darf und muss mit dem nötigen Taktgefühl störendes Verhalten der verbeiständeten Person und ihrer Angehörigen beanstanden. Solche Offenheit heisst aber nicht, dass der Beistand immer und überall gleich sagt, was er gerade denkt. Er muss ein feines Gespür dafür haben, was wann angebracht ist. Auch kommt ein Beistand immer wieder in Situationen, in denen er seine persönliche Meinung zurückstellen und Kompromisse eingehen muss. Dies bedeutet jedoch keineswegs, dass er immer klein beigeben soll. Er muss lediglich wissen, wofür es sich zu kämpfen lohnt. Und schliesslich sind noch weitere menschliche Werte gefragt: Beistände und Beiständinnen sollen tolerant, verständnisvoll und vorurteilslos sein. Es soll ihnen immer bewusst sein, dass es nicht allen Menschen leichtfällt, fremde Hilfe anzunehmen.

Mit dieser Fülle von Charaktereigenschaften können sich Beistände und Beiständinnen für eine verbeiständete Person engagieren.

Leider gibt es – wie in jeder Branche – auch Beistandspersonen, die diesen Anforderungen nur teilweise oder gar überhaupt nicht entsprechen. Wer mit einer solchen Beistandsperson konfrontiert ist, kann sich überlegen, ob es genügend Gründe für eine Aufsichtsbeschwerde gibt (siehe Seite 173).

Ein Beistand muss wollen

Eine Beistandsperson darf nur mit ihrem Einverständnis ernannt werden. Dies war nicht immer so: Im alten Vormundschaftsrecht herrschte Amtszwang – auch für Privatpersonen. Ablehnen konnte man damals ein Mandat nur, wenn man beispielsweise Kanzler der Eidgenossenschaft oder gar Bundesrat war oder wenn man mehr als vier Kinder hatte. Auch nach der Gesetzesrevision herrschte zuerst Amtszwang, doch kaum war das Gesetz in Kraft, wurde der Amtszwang kritisiert und per 2019 aufgehoben. Zu

Recht – eine Beistandsperson, die ihren Job nicht gern ausführt, sollte nicht mit Menschen zu tun haben.

Privatpersonen sind also heute nicht mehr verpflichtet, eine Beistandschaft zu übernehmen. Ein Berufsbeistand dagegen dürfte selten gute Gründe haben, ein Mandat abzulehnen. Ein denkbarer Grund wäre zum Beispiel, dass der Berufsbeistand mit der betroffenen Person verwandt ist. Oder dass Beiständin und verbeiständete Person den gleichen Freundeskreis haben, im selben Haus wohnen, im gleichen Verein sind.

Private Beistände und Berufsbeistände

Beistandschaften können von Privatpersonen oder von Angestellten eines Sozialdienstes beziehungsweise einer Berufsbeistandschaft geführt werden. Im ersten Fall spricht man von Privatbeiständen (abgekürzt PriMa), im zweiten Fall von Berufsbeiständen und Berufsbeiständinnen.

- **Privatbeistände** sind geeignet für einfache Beistandschaften, für die es in der Regel kein spezielles Fachwissen braucht. Gesunder Menschenverstand, Menschenkenntnis, Lebenserfahrung, Sozial- und Selbstkompetenz sind die nötigen Eigenschaften. Von Vorteil ist es, wenn einem administrative Tätigkeiten keine Mühe bereiten und der Umgang mit Ämtern leichtfällt. Private Beistandschaften werden oft von Pensionierten, Angehörigen oder von Personen geführt, die sich in ihrer Freizeit für die Gesellschaft engagieren möchten. Praktisch nie wird eine Massnahme für Kinder von Privatpersonen übernommen (Ausnahme: Vormundschaften für Kinder, deren Eltern verstorben sind, siehe Seite 98), und nur selten werden Privatpersonen für komplizierte Beistandschaften eingesetzt.
- **Berufsbeistände** werden von der Kesb für komplexere Beistandschaften eingesetzt, bei denen es nebst den oben genannten Charaktereigenschaften spezifisches Fachwissen braucht, etwa vertiefte juristische Kenntnisse, Know-how in Sozialversicherungsfragen und Finanzangelegenheiten, psychologisches und pädagogisches Wissen.

TIPP *Möchten Sie als Privatbeiständin oder Privatbeistand eingesetzt werden? Dann kontaktieren Sie eine Kesb und fragen Sie, wie Sie sich bewerben können.*

Verwandte und Bekannte als Beistand oder Beiständin

Betroffene, ihre Angehörigen oder ihnen nahestehende Personen können im Lauf des Verfahrens (siehe Seite 38) der Kesb jemanden als Beistand oder als Beiständin vorschlagen. Entspricht die Kesb dem Vorschlag nicht, braucht sie gute Gründe dafür.

Verwandte und Bekannte – selbst wenn sie sich grundsätzlich eignen würden – sind keine Garanten für eine Betreuung, die dem Wohl des Betroffenen dient. Es besteht die Gefahr, dass gerade Privatpersonen, die als Beistand amten, sich dazu verleiten lassen können, die tatsächlichen Schwierigkeiten der betreuten Person zu verharmlosen. Denkbar ist auch, dass ein privater Beistand die betreute Person allzu hart anfasst, weil er – vielleicht unbewusst – ein Versagen der betreuten Person als eigenes Versagen interpretiert. Kurz: Zu starke Bindung und fehlende Distanz können private Beistände daran hindern, sachgerechte und einzig im Interesse der betreuten Person liegende Entscheide zu treffen. Aber: Es gibt auch sehr viele private Beistände, die einen vorzüglichen Job machen. Mit den regelmässigen Berichterstattungen können sie dies beweisen (siehe Seite 169).

Oft sind Eltern von geistig Behinderten oder die Kinder von dementen Eltern deren Beistände. Das geht in den allermeisten Fällen ganz gut, muss es aber nicht. Wer Beistand eines Angehörigen ist, muss sich immer genau überlegen, ob er oder sie nun eigentlich als Angehöriger oder quasi als Amtsperson mit der verbeiständeten Person in Kontakt steht. Diese beiden Rollen strikt auseinanderzuhalten, ist oft schwierig, aber unabdingbar.

KESB UND ELTERN WOLLEN BESTMÖGLICHEN SCHUTZ
Marianne und Kurt F., beide 75-jährig, sorgen seit ewig für ihre geistig behinderte Tochter, die in einem Heim lebt. Als die Tochter volljährig wurde, gewährte die damalige Vormundschaftsbehörde ihnen die erstreckte elterliche Sorge (siehe Seite 136). Was die Eltern nicht wussten: In der Nacht vom 31. Dezember 2012 wurden sie zu umfassenden Beiständen ihrer Tochter. Erstaunt und verärgert reagierten sie, als sich die Kesb bei ihnen meldete. Plötzlich sollten sie Rechenschaft darüber ablegen, wie sie die IV-Rente und die Ergänzungsleistungen ihrer Tochter verwalteten. «Mit uns nicht!», sagten sie. Gespräche mit

der Kesb haben Klarheit gebracht. Es könnte ja sein, dass die Eltern das Geld ihrer Tochter für sich statt für ihre Tochter verwendeten. Bald merken Marianne und Kurt F., dass die Kesb ja eigentlich zum Schutz ihrer behinderten Tochter handelt – genau wie sie. Ihnen ist bewusst, dass sie eines Tages nicht mehr für ihre Tochter da sein können. Vorgesehen ist, dass dann ihr Sohn, ein 50-jähriger Informatiker, die Beistandschaft für seine Schwester übernimmt.

DIE SCHWIERIGKEIT DER ROLLENKONFUSION Als ihre Mutter dement wurde und ihre Sachen nicht mehr erledigen konnte, war für Kathrin V. völlig klar, dass sie die Beistandschaft übernahm. Doch mit der Zeit wurde es ihr zu viel: Ihre vier Geschwister wollten ihr dauernd dreinreden und verlangten Dinge, die sie nicht gutheissen konnte. Kathrin V. gelangte an die Kesb: Erstens wurden ihr die Streitereien mit den Geschwistern zu blöd, zweitens empfand sie den administrativen Aufwand als viel zu kompliziert. Nun werden die Geschäfte der Mutter von einem Berufsbeistand erledigt. Wenn Kathrin V. ihre Mutter im Pflegeheim besucht, ist sie nun einfach wieder die Tochter und braucht sich nicht zu überlegen, ob diese und jene Rechnung eigentlich bezahlt und ob die Steuerrechnung der Mutter schon eingereicht ist.

Weniger Bürokram für Angehörige?

Sind Angehörige als Beistand oder Beiständin eingesetzt, kann die Kesb ihnen gewisse administrative Erleichterungen gewähren. Sie kann Angehörige von der Inventarpflicht, von der periodischen Berichterstattung und Rechnungsablage (siehe Seite 169) ganz oder teilweise entbinden. Wenn die Umstände es rechtfertigen, kann die Kesb Angehörige auch davon entbinden, für eigentlich zustimmungsbedürftige Geschäfte (siehe Seite 171) die Zustimmung einzuholen.

Nicht weil die Kesb den Angehörigen per se misstraut, sondern weil sie die verbeiständeten Personen schützen muss, wird sie eine solche Erleichterung nur nach genauer Prüfung ermöglichen. Schon in der Botschaft zum Erwachsenenschutzrecht warnte der Bundesrat davor, dass bei Angehörigen wegen der nahen Beziehung und der fehlenden professionellen Distanz die Gefahr eines Missbrauchs des Abhängigkeitsverhältnisses noch grösser sein könne als bei Berufsbeiständen. Detaillierte Berichterstattung ermöglicht es den Angehörigen, gegenüber der Kesb den Gegenbeweis zu dieser Befürchtung zu erbringen.

Auch wenn Angehörige von gewissen Pflichten entbunden werden können, ist die Kesb von ihrer allgemeinen Aufsichtspflicht aber nicht befreit: Sie muss regelmässig überprüfen, ob die Massnahme noch nötig ist oder angepasst werden muss, ob sich die Angehörigen als Beistände noch eignen – kurz, ob das Wohl und der Schutz der verbeiständeten Person sichergestellt ist.

Mitspracherecht bei der Wahl des Beistands

Wenn die Kesb zum Schluss kommt, dass jemand einen Beistand braucht, bekommt man diesen nicht einfach vor die Nase gesetzt. Im Lauf des Verfahrens (siehe Seite 38) kann die betroffene Person einen Beistand, eine Beiständin ihrer Wahl vorschlagen. Das gleiche Recht steht nahestehenden Personen zu. Die Kesb ist verpflichtet, eine vorgeschlagene Beiständin zu ernennen – es sei denn, diese ist für die Aufgabe nicht geeignet.

Lehnt die betroffene Person mit stichhaltigen Gründen eine von der Kesb vorgesehene Beiständin ab, muss die Kesb in aller Regel diesem Wunsch entsprechen. Wiederholte Ablehnung von vorgesehenen Beistandspersonen kann die Massnahme als solche jedoch nicht verhindern – irgendwann wird die Kesb auf weitere Ablehnungen nicht mehr eintreten.

Ungeeignet als Beistand

Rund um das Mitspracherecht bei der Wahl der Beistandsperson kann es zu Konflikten kommen – vor allem dann, wenn die Kesb eine vorgeschlagene Beiständin ablehnt. Ein paar Beispiele:

RESSENTIMENTS AUS DER KINDHEIT Mauro D. möchte Beistand seines psychisch kranken Bruders werden. Er findet, der Bruder habe zeitlebens die Eltern ausgenützt, man müsse dem faulen Kerl einfach mal sagen, wo es langgeht. Keine gute Ausgangslage, meint die Kesb und setzt Mauro D. nicht als Beistand ein.

FALSCHE EINSCHÄTZUNG DER PROBLEME Der geistig behinderte Tim G. hätte gern seine Patin als Beiständin. Diese bezeichnet ihn als «lustigen Clown» und «Sonnenschein an tristen Tagen». Mit dieser Optik übersieht sie die wahren Probleme ihres Göttibuben und eignet sich nicht als Beiständin.

INTERESSENKONFLIKT Der von der Kesb für Cédric P. vorgesehene Berufsbeistand ist der neue Lebenspartner seiner Ex-Frau – was der Beistand zuerst nicht wusste. Cédric P. wird zu diesem Mann nie ein Vertrauensverhältnis aufbauen können, deshalb übernimmt dessen Kollegin die Beistandschaft.

Beistand und Kesb: Who is who?

Beistandspersonen geben sich ihre Aufträge nicht selbst und setzen sich auch nicht selbst ein. Sie müssen sich auf die Aufgaben beschränken, die ihnen von der Kesb erteilt wurden, sind also quasi Auftragnehmer.

Beistände und Beiständinnen sind nicht Mitglied der Kesb und arbeiten in aller Regel auch nicht in deren Räumlichkeiten. Sie sind meist von einem Sozialdienst oder von Berufsbeistandschaften, den ehemaligen Amtsvormundschaften, angestellt. Daneben gibt es Privatbeistände und Privatbeiständinnen, die ihre Aufgaben von zu Hause aus erledigen.

Ansprechperson im Alltag ist der Beistand

Sobald das Verfahren zur Einrichtung der Beistandschaft abgeschlossen ist, zieht sich die Kesb zurück. Im Alltag haben Verbeiständete mit ihrem Beistand, ihrer Beiständin zu tun, nicht mit der Kesb. In der Regel ist der Beistand die direkte Ansprechperson der Verbeiständeten, denn das Gesetz verpflichtet ihn, zu den betreuten Personen ein Vertrauensverhältnis aufzubauen und mit ihnen in direktem Kontakt zu stehen.

Kesb und Beistandspersonen haben unterschiedliche Aufgaben. In der Praxis haben sie auch oft nicht die gleiche Sicht der Dinge. So ist es beispielsweise möglich, dass die Kesb die Verschärfung einer Massnahme vorsieht, die Beiständin aber mit guten Gründen argumentiert, dies sei nicht nötig. Auch das Umgekehrte kann der Fall sein. So oder so ist aber die Kesb die Auftraggeberin.

MEDIZINISCHE VERTRETUNG Der Beistand von Antonia W. beantragt ein Vertretungsrecht für medizinische Angelegenheiten, damit er von ihrer Ärzteschaft Auskünfte erhalten kann. Die Kesb ist aber der Ansicht, dass es genügt, wenn Antonia W. den Arzt von der Schweigepflicht befreit.

BEISTÄNDIN IST NÄHER AM ALLTAG Hermann F. hat einen unsinnigen Kaufvertrag unterschrieben. Deshalb ist die Kesb der Ansicht, ihm müsse die Handlungsfähigkeit für Kaufverträge entzogen werden. Seine Beiständin kann jedoch belegen, dass es sich bei diesem Vertrag um eine Ausnahme handelt und Hermann F. sonst gut selber entscheiden kann, was er unterschreiben soll und was nicht.

Der Job einer Beiständin, eines Beistands

Grundlage einer guten Beistandschaft ist das Vertrauensverhältnis zwischen der verbeiständeten Person und dem Beistand, der Beiständin. Die verbeiständete Person muss vor nachteiligen Handlungen und Unterlassungen geschützt und ihre Ansprüche müssen sichergestellt werden.

Eine Beistandsperson muss stets eine natürliche Person sein. Sie muss charakterlich und fachlich geeignet sein und die verbeiständete Person muss grundsätzlich mit ihr einverstanden sein. Das ZGB regelt das Amt von Beiständinnen und Beiständen in den Artikeln 400 bis 404. Wie die Beistandschaft geführt werden muss, steht in den Artikeln 405 bis 414.

Aufgabenkatalog für Beistände

Die Aufgaben einer Beistandsperson sind von Fall zu Fall unterschiedlich. Wie die Beistandschaft geführt werden muss, hängt vom Grund dafür ab; die Beistandsperson muss sich an der Zielsetzung orientieren und am Aufgabenbereich, der ihr von der Kesb zugewiesen worden ist. Oder anders gesagt: Die Aufgaben leiten sich vom Schutzbedarf der verbeiständeten Person ab.

Eine Beiständin, die für ein Kind lediglich Unterhaltsfragen regeln muss, hat sich in Erziehungsfragen zurückzuhalten. Ein Beistand, der eine Mitwirkungsbeistandschaft führt, kann nicht in Vertretung der verbeiständeten Person handeln. Und eine Beistandsperson, die kein medizinisches Vertretungsrecht hat, kann nicht entscheiden, ob bei einer urteilsunfähigen Person eine Operation durchgeführt werden darf.

Und so werden Beistandspersonen in der konkreten Arbeit diesen Anforderungen gerecht:

- Die Beistandsperson muss sich einen Überblick darüber verschaffen, worin das Problem liegt, wie es behoben oder entschärft werden kann.
- Der Beistand steht in persönlichem Kontakt zur verbeiständeten Person und strebt danach, ein Vertrauensverhältnis aufzubauen. Doch keine Regel ohne Ausnahme: Lebt die verbeiständete Person (Kind oder Erwachsener) in einem Heim, kann der Beistand die Betreuung delegieren. Er braucht also nicht in ständigem Kontakt mit der verbeiständeten Person zu sein.
- Die Beiständin nimmt die ihr übertragenen Aufgaben selbst wahr. Teilaufgaben, zum Beispiel die Buchhaltung, kann sie aber an andere Fachleute delegieren. Doch auch wenn eine Aufgabe delegiert wird, ist die Beiständin verantwortlich und allenfalls haftbar.
- Beistände halten sich in ihrer Tätigkeit an die Aufgabenbereiche, die ihnen die Kesb entsprechend den Bedürfnissen der betroffenen Person aufgetragen hat. In Dinge, die nicht zu ihrem Aufgabenbereich gehören, dürfen sie sich nicht einmischen. Eine Mitwirkungsbeiständin, die einem Verkaufsvertrag zustimmen muss, kann beispielsweise nicht in Vertretung des Verbeiständeten eine Versicherung abschliessen. Ein Vertretungsbeistand, der kein Vertretungsrecht in arbeitsrechtlichen Fragen hat, kann keinen Arbeitsvertrag unterschreiben oder kündigen.
- Die Beistandsperson ist zur Verschwiegenheit verpflichtet. Dies gilt auch und insbesondere gegenüber Angehörigen.
- Wenn die Beistandschaft eine Vermögensverwaltung beinhaltet, nimmt die Beiständin ein Inventar auf. Sie muss das Vermögen sorgfältig verwalten und der verbeiständeten Person angemessene Beträge zur freien Verfügung überlassen. Zudem führt sie Rechnung und legt diese der Kesb mindestens alle zwei Jahre zur Genehmigung vor. Sie muss der verbeiständeten Person die Rechnung erläutern und ihr auf Verlangen eine Kopie aushändigen.
- Der Beistand hat selbständiges Handeln der betroffenen Person zuzulassen und soll sie dazu motivieren. Im Rahmen ihrer Urteilsfähigkeit

können Verbeiständete auch bei einer Beschränkung der Handlungsfähigkeit Geschäfte tätigen – mit ihrem Taschengeld können sie machen, was sie wollen. Insbesondere die höchstpersönlichen Rechte sind eine Tabuzone für Beistände (mit Ausnahme der relativ höchstpersönlichen bei Urteilsunfähigkeit, siehe Glossar): Ein Beistand kann also für die verbeiständete Person keine Patientenverfügung schreiben und auch keine Scheidung einleiten.

- Mindestens alle zwei Jahre erstellt die Beiständin einen Bericht zuhanden der Kesb. Was in diesem Bericht steht, ist kein Geheimnis zwischen Kesb und Beiständin. Die betroffene Person muss beim Verfassen des Berichts nach Möglichkeit beigezogen werden.
- Die Beiständin muss die Kesb informieren, wenn eine Änderung der Beistandschaft erforderlich ist oder eine Aufhebung der Beistandschaft möglich wäre.
- Der Beistand muss seine Aufgaben im Interesse der betroffenen Person erfüllen und auf deren Meinung Rücksicht nehmen. Er hat darauf zu achten, dass die verbeiständete Person ihr Leben entsprechend ihren Fähigkeiten nach eigenen Wünschen und Vorstellungen gestalten kann.
- Die Beistandsperson strebt danach, den Schwächezustand zu lindern oder eine Verschlimmerung zu verhindern.

DIESER BEISTAND MACHT ALLES RICHTIG Max R. ist schon seit Jahren verbeiständet (siehe Seite 135). Sein Beistand hilft ihm bei seinen Bewerbungen für eine Wohnung und erklärt ihm, dass diese einen Viertel bis maximal einen Drittel seines Einkommens kosten darf. Dieser Grundsatz gilt nämlich für alle Leute. Schliesslich findet Max R. eine schöne Wohnung für 1100 Franken und kann den Vertrag dafür selbständig unterschreiben. Weil der Beistand ihn im Rahmen einer Vertretungsbeistandschaft vertreten muss, füllt er seine Steuererklärung rechtzeitig aus, bezahlt die Steuern, kündigt unnötige Bankkonten (die nur Spesen verursachen) und sorgt dafür, dass Max R. eine Haftpflichtversicherung hat. Als Max R. seine Stelle verliert, stellt der Beistand sicher, dass er sich auf dem RAV meldet, dass die Arbeitslosentaggelder ausgezahlt werden und dass das Pensionskassenguthaben auf einem Freizügigkeitskonto deponiert wird. Als Max R. wegen einer angeblich unbezahlten Rechnung einen Zahlungsbefehl erhält, erhebt sein Beistand rechtzeitig Rechtsvorschlag. Und nachdem sich Max R. zu einer unnötigen Lebensversicherung hat überreden lassen, teilt der Beistand der Versicherung mit, dass der Vertrag wegen der bestehenden Mitwirkungsbeistandschaft ungültig ist. Alle zwei Jahre, wenn wieder ein Rechenschaftsbericht fällig ist, nimmt sich der Beistand genügend Zeit, um den Inhalt mit Max R. zu besprechen.

Wenn ein Beistand seinen Aufgaben nicht nachkommen kann
Was gilt, wenn ein Beistand abwesend oder krank ist? Wenn er lediglich in den Ferien ist oder mit Grippe im Bett liegt, kann vieles mit einer Stellvertretung geregelt werden. Vieles kann auch warten. Wenn die Abwesenheit aber längere Zeit dauert, muss die Kesb einen Ersatzbeistand, eine Ersatzbeiständin stellen.

Eine Ersatzbeiständin braucht es auch, wenn ein Interessenkonflikt besteht. Dies ist nicht erst in einer konkreten Situation der Fall, sondern auch bereits bei der theoretischen Gefahr. Zum Beispiel dann, wenn Beistand und verbeiständete Person der gleichen Erbengemeinschaft angehören oder als Stockwerkeigentümer im gleichen Haus unterschiedliche Interessen haben könnten. Bei Berufsbeiständen ist die Wahrscheinlichkeit eines Interessenkonflikts zwar nicht sehr gross, sehr wohl aber bei einer privaten Beistandsperson (siehe Seite 164).

Wie viel Zeit hat ein Beistand?

Ein Beistand ist verpflichtet, mit der verbeiständeten Person persönlichen Kontakt zu haben. Wie viel Zeit er dafür aufwendet, liegt in seinem Ermessen – und oft auch an seiner Arbeitsbelastung: Ein Berufsbeistand hat schnell einmal 80 bis 100 Mandate zu führen. Genügend Zeit für ausreichende persönliche Kontakte zur verbeiständeten Person bleibt deshalb oft Wunschdenken. Hohe Fallzahlen, komplexe Problemstellungen und grosse Bedürftigkeit der verbeiständeten Personen dürfen aber keine Ausrede für mangelnde Qualität sein, denn laut Gesetz hat die Beistandsperson danach zu streben, «den Schwächezustand zu lindern oder eine Verschlimmerung zu verhüten». Ziel ist also ein möglichst guter Schutz der betreuten Person – dies braucht Zeit, lässt sich aber dennoch nicht mit der Häufigkeit von Kontakten gleichsetzen.

Der Rechenschaftsbericht

Während ein Vorsorgebeauftragter in der Regel niemandem Rechenschaft schuldig ist (siehe Seite 59), müssen Beistände und Beiständinnen mindestens alle zwei Jahre einen Bericht erstellen, im Kindes- wie auch im Erwachsenenschutz. Anhand dieses Berichts kontrolliert die Kesb, ob die Beistandsperson ihre Arbeit richtig macht, und prüft, ob die Beistandschaft geändert oder gar aufgehoben werden muss.

Der Bericht soll sich nicht nur auf Schwächen der verbeiständeten Person richten, sondern auch auf Stärken und Erfolge hinweisen. Folgende Punkte gehören dazu:

- Grund der Massnahme
- Beschreibung des Auftrags und der Ziele
- Art und Häufigkeit der Kontakte
- Erfolge und Misserfolge in den wichtigsten Lebensbereichen
- Je nach Mandat auch Finanzen und Versicherungen
- Ausblick und Prognose
- Begründung, weshalb die Massnahme beibehalten, geändert oder aufgehoben werden soll

Es versteht sich von selbst, dass ein solcher Bericht sachlich zu sein hat und nicht mit privaten und persönlichen Wertvorstellungen der Beistandsperson durchsetzt sein darf. Es gilt, Beobachtetes zu beschreiben, es allenfalls zu erklären und wertende Schlussfolgerungen klar von der Beschreibung zu trennen.

Persönliche und intime Erlebnisse oder Geschehnisse, die eine verbeiständete Person ihrem Beistand, ihrer Beiständin anvertraut hat, gehören nicht in den Bericht – es sei denn, sie haben unmittelbare Auswirkungen auf die Führung der Beistandschaft. Das nötige Fingerspitzengefühl dafür darf von einem Beistand erwartet werden.

Wenn die Beiständin mit Finanzen zu tun hat, muss sie auch über Einkommen und Vermögen mindestens alle zwei Jahre Rechenschaft ablegen.

INFO *Angehörige, die eine Beistandschaft führen, können von solchen Rechenschaftspflichten entbunden werden (siehe Seite 162).*

Beistände haben eine Schweigepflicht

Oft sind einem Beistand ganz private Verhältnisse der betreuten Person bekannt, die Dritte nichts angehen. Diese Kenntnis benötigt er, weil er der verbeiständeten Person helfen muss. Mit seinem Wissen darf der Beistand aber nicht leichtfertig umgehen, denn trotz der Massnahme haben die Betroffenen einen Persönlichkeitsschutz – Kinder genauso wie Erwachsene.

Diese Verschwiegenheitspflicht gilt aber dann nicht, wenn eine Auskunft den Interessen der verbeiständeten Person dient oder wenn der Beistand sogar verpflichtet ist, mit Drittpersonen zusammenzuarbeiten. Ein paar Beispiele:

- Ein Vertretungsbeistand muss Banken und Versicherungen mitteilen, dass die betroffene Person verbeiständet ist und er als Beistand in Vertretung handeln kann.
- Eine Beiständin für ein Kind muss unter Umständen jemanden informieren, dass sie Beiständin ist – etwa dann, wenn sie Schulfragen klären, einen Therapieplatz oder ein Heim suchen muss.
- Wenn eine Mitwirkungsbeistandschaft für Kaufverträge besteht, muss der Beistand dem Verkäufer mitteilen, dass ein Kauf nur mit seiner Zustimmung gültig zustande kommt.

Ohne eine solche Zusammenarbeit mit anderen könnte eine Beistandsperson die Aufgaben oft gar nicht ausführen, die ihr die Kesb übertragen hat.

INFO *Hält sich ein Beistand nicht an die Schweigepflicht, verstösst er gegen das Amtsgeheimnis. «Wer ein Geheimnis offenbart, das ihm in seiner Eigenschaft als Mitglied einer Behörde oder als Beamter anvertraut worden ist oder das er in seiner amtlichen oder dienstlichen Stellung wahrgenommen hat, wird mit Freiheitsstrafe bis zu drei Jahren oder Geldstrafe bestraft», heisst es im Strafgesetzbuch.*

Die Kesb redet mehr als nur ein Wörtchen mit

Eine Beiständin darf nicht schalten und walten, wie sie will. Damit dies sichergestellt ist, muss sie zum einen regelmässig Rechenschaft ablegen (siehe Seite 169). Zum andern hat sie sich an das zu halten, was ihr von der Kesb aufgetragen worden ist.

Im Alltag handeln Beistand und Beiständin innerhalb des Auftrags der Kesb selbständig. Das Gesetz listet jedoch in Artikel 416 ZGB verschiedene Geschäfte auf, für die jeweils die Zustimmung der Kesb nötig ist. So braucht die Beiständin beispielsweise für eine Wohnungskündigung die Zustimmung der Kesb – selbst wenn sie das Recht hat, Mietverträge abzuschliessen. Zustimmungsbedürftig sind auch sogenannte Dauerverträge über die Unterbringung eines Verbeiständeten, also beispielsweise ein Heimvertrag. Auch Vermögenswerte der verbeiständeten Person darf die Beiständin nicht ohne Zustimmung der Kesb veräussern, selbst wenn sich dies aufgrund der finanziellen Situation der verbeiständeten Person aufdrängt.

Im Gesetz sind darüber hinaus diverse Dinge festgehalten, die ein Beistand nicht tun darf: Er darf in Vertretung der betroffenen Person keine Bürgschaften eingehen, keine Stiftungen errichten und keine Schenkungen vornehmen (mit Ausnahme der üblichen Gelegenheitsgeschenke). Ohne Zustimmung der betroffenen Person darf der Beistand auch nur dann deren Post öffnen oder deren Wohnräume betreten, wenn ihm die Erwachsenenschutzbehörde die Befugnis dazu ausdrücklich erteilt.

FAKTEN CHECK

WERDEN VERMÖGENSWERTE OHNE NOT VERKAUFT?

«Von der Kesb eingesetzte Berufsbeistände verkaufen ohne Not gegen den Willen der Betroffenen und ihrer Familien Häuser und Familienunternehmen.»

Der Check: Es kann sein, dass sich ein Verkauf von Vermögenswerten gegen den Willen der verbeiständeten Person oder deren Angehörigen aufdrängt. Notwendig wird ein Verkauf beispielsweise dann, wenn jemand in einem Heim lebt, die Heimkosten nicht bezahlen kann und, weil er mit einer Liegenschaft nicht liquides Vermögen besitzt, keine Ergänzungsleistungen erhält. Der Verkauf dieser Liegenschaft dient somit der Armutsprävention: Sobald das Geld, das im Haus, in einem Unternehmen oder in anderen Vermögenswerten steckt, liquid wird, kann die betroffene Person ohne finanzielle Unterstützung des Staates für ihre Lebenskosten aufkommen.

Um ein Haus oder ein Unternehmen zu verkaufen, benötigen sowohl Berufsbeistände als auch private Beistände die Zustimmung der Kesb. Und: Vermögenswerte, die für die betroffene Person oder für ihre Familie einen besonderen Wert haben, werden wenn immer möglich nicht veräussert. So steht es wortwörtlich im Gesetz.

Sollte ein Verkauf widerrechtlich stattfinden, hat die betroffene Person Anspruch auf Schadenersatz.

Geld für den Beistand

Eine Beistandschaft ist nicht gratis – die Gebühren werden kantonal festgelegt und schwanken je nach Aufwand und Aufgabe zwischen wenigen Hundert und einigen Tausend Franken. Die Beistandsperson hat Anspruch auf eine angemessene Entschädigung und auf Ersatz der notwendigen Spesen aus dem Vermögen der betroffenen Person. Dabei spielt es keine Rolle, ob es sich um einen Privatbeistand oder um eine Berufsbeiständin handelt. Die Entschädigung einer privaten Beistandsperson gilt als Erwerbseinkommen und muss in der Steuererklärung deklariert werden, während Berufsbeistände ein monatliches Gehalt von ihrem Arbeitgeber erhalten. Deshalb fällt die Entschädigung für Berufsbeistände an den Arbeitgeber.

INFO *Ein privater Beistand macht sein Amt kaum je aus finanziellen Gründen. Reich wird man damit nämlich nicht. Die Entschädigung schwankt zwischen einigen Hundert Franken bis zu einem tiefen vierstelligen Betrag innerhalb von zwei Jahren – je nach Aufwand.*

Was gilt, wenn die verbeiständete Person gar kein Geld hat? Dann wird die Entschädigung aus der Gemeindekasse bezahlt (nicht von der Kesb).

Beschwerden gegen die Beistandsperson

Die einen machen lieber nichts als etwas falsch, die anderen machen lieber mal etwas falsch als gar nichts. Die eine wie die andere Haltung ist in allen Berufssparten auszumachen. Gerade wenn man mit Menschen arbeitet, sind beide Haltungen aber nicht tolerierbar. «Der Beistand oder die Beiständin erfüllt die Aufgaben im Interesse der betroffenen Person, nimmt, soweit tunlich, auf deren Meinung Rücksicht und achtet deren Willen, das Leben entsprechend ihren Fähigkeiten nach eigenen Wünschen und Vorstellungen zu gestalten» – so will es das Gesetz. Das sind hohe Anforderungen, bei denen Fehler passieren können, aber nicht passieren sollten.

Was gilt, wenn einem Beistand dennoch Fehler passieren? Dann haben Verbeiständete, ihnen nahestehende Personen sowie Personen, die ein rechtlich geschütztes Interesse haben (siehe nächste Seite), die Möglichkeit, sich gegen Handlungen oder Unterlassungen des Beistands bei der Kesb zu beschweren. Mit dem Begriff «Handlungen» sind nicht nur Rechtshandlungen gemeint, sondern jegliches Verhalten des Beistands, das im Zusammenhang mit seiner Amtsführung steht. Mit «Unterlassung» ist all das gemeint, was der Beistand versäumt, verpasst oder nicht tut. Geregelt ist das Beschwerderecht gegen die Beistandsperson in Artikel 419 ZGB.

INFO *Im Unterschied zu Beschwerden gegen Entscheide der Kesb (siehe Seite 48) sind Beschwerden gegen die Beistandsperson nicht an Fristen gebunden.*

Unzufrieden mit der Person des Beistands

Was, wenn die Chemie zwischen Beistand und verbeiständeter Person nicht stimmt? Wenn kein Vertrauensverhältnis aufgebaut werden kann und die Kommunikation gestört ist? In solchen Situationen ist eine Beschwerde nicht angezeigt, weil weder eine Unterlassung noch eine Handlung beanstandet wird. Sollte Ihnen der Beistand einfach unsympathisch sein, können Sie bei der Kesb einen Wechsel der Beistandsperson beantragen. Wenn Ihrem Antrag nicht stattgegeben wird, muss die Kesb die Gründe dafür nennen und Ihnen mittels beschwerdefähiger Verfügung die Möglichkeit einräumen, den ablehnenden Entscheid vom Gericht prüfen zu lassen.

Wenn sich Verbeiständete über den Beistand beschweren wollen

Das Gesetz verlangt nicht, dass eine verbeiständete Person urteilsfähig ist, wenn sie wegen Handlungen oder Unterlassungen gegen ihre Beiständin eine Beschwerde machen will. Dies ist auch gar nicht nötig, weil an die Urteilsfähigkeit keine hohen Ansprüche gestellt werden dürfen: Wenn die verbeiständete Person äussern kann, womit sie nicht einverstanden ist, ist sie diesbezüglich urteilsfähig.

Wenn sich Angehörige über die Beiständin beschweren wollen

Nahestehende Personen können eine Beschwerde einreichen, wenn sie dies im Interesse der verbeiständeten Person tun. Gelegentlich kommt es vor, dass Angehörige mit Handlungen oder Unterlassungen des Beistands nicht einverstanden sind, die betroffene Person aber keinen Grund zur Beschwerde sieht. Dann sollten die Angehörigen auf eine Beschwerde verzichten, weil sowieso nichts geändert würde. In solchen Situationen kann man höchstens ein klärendes Gespräch suchen.

Aber: Wer ein rechtlich geschütztes Interesse hat, ist zur Beschwerde berechtigt – auch dann, wenn die verbeiständete Person mit allem zufrieden ist. Dies könnte etwa der Fall sein, wenn sich Angehörige davor fürchten, dass sie verwandtenunterstützungspflichtig werden können, weil die verbeiständete Person ihr Geld verschleudert und der Beistand nichts dagegen unternimmt. Kein rechtlich geschütztes Interesse liegt hingegen vor, wenn jemand beispielsweise der Ansicht ist, dass die verbeiständeten Eltern zu viel Geld brauchen, und befürchtet, dass es dereinst nichts mehr zu erben gibt.

Kein Beschwerdegrund

Wenn eine Handlung der Beistandsperson nicht mehr zu ändern ist – weil ein Vertrag beispielsweise bereits unterschrieben ist – oder wenn sich das Versäumnis nicht mehr gutmachen lässt – etwa weil eine Frist verpasst wurde –, dann nützt eine Beschwerde nichts. Ist es zu einem Schaden gekommen, können Sie eine Verantwortlichkeitsklage prüfen. Dabei sollten Sie sich juristisch beraten lassen (Adressen im Anhang).

INFO *Wenn sich eine Beschwerde nicht gegen eine Handlung oder eine Unterlassung der Beistandsperson richtet, ist streng genommen keine Beschwerde, sondern eine Aufsichtsbeschwerde zu* *machen. Diese juristische Spitzfindigkeit soll Laien nicht schrecken. Wer mit etwas nicht einverstanden ist, nennt seine Eingabe Beschwerde (Musterbriefe im Anhang).*

Beschwerde gemacht – was dann?
Die mittels Beschwerde angefochtene Handlung oder Unterlassung der Beistandsperson muss von der Kesb überprüft werden. Eine Beschwerde setzt somit ein Verfahren in Gang und die Kesb muss aktiv werden (siehe Seite 38). Am Ende des Verfahrens fällt die Kesb einen Entscheid. Wie jeder Entscheid der Kesb kann auch dieser ans Gericht weitergezogen werden.

Den Konflikt in die Medien tragen?

Oft kommt es vor, dass Betroffene und Angehörige ihrem Ärger über die Kesb oder die Beiständin, ihrer Verzweiflung und Ohnmacht in den sozialen Medien Luft verschaffen. Andere wollen sich bei Uneinigkeit mit der Kesb schlagkräftige Unterstützung holen, indem sie die Medien einschalten.

Was bringt es, die Medien einzuschalten?
Es gehört zum journalistischen Handwerk, dass stets alle Parteien angehört werden und die besten Argumente jeder Partei verwendet werden. Doch weil Artikel über die Kesb meist hohe Klickraten ergeben, sind einige Journalisten und Blattmacherinnen immer häufiger bereit, diese Grundsätze ausser Acht zu lassen und unkritisch die Sicht der Betroffenen und Angehörigen zu übernehmen. Das dient der Sache nicht – und erst recht nicht den Betroffenen und Angehörigen. Es ist zudem nicht Sache der Medien, die Kesb oder die Beistände zu kontrollieren. Die Kontrolle erfolgt durch rechtsstaatliche Aufsichtsorgane (Gerichte und Aufsichtsbehörden).

Nicht zu vergessen ist zudem, dass die Macht der Medien weniger gross ist, als man oft meint. Und während der Journalist und die breite Öffentlichkeit einen Fall längst vergessen haben, leidet man selber unter Umständen noch lange daran, dass Nachbarn, Arbeitgeber, Verwandte und Kollegen Dinge wissen, die sie im Grunde gar nichts angehen.

Posts auf Facebook und Co.

Oft tut es gut, wenn man sich an den Computer setzt, Dampf ablässt und seinen Ärger in die Tasten haut. Nur – soll das Geschriebene tatsächlich gepostet und veröffentlicht werden? Das Internet vergisst nichts.

Offene wie geschlossene Gruppen auf Facebook machen oft den Anschein, sie seien eine Art Selbsthilfegruppe. Bei genauer Betrachtung sind sie das aber mitnichten. In solchen Gruppen befindet man sich oft in einer Art Bubble: Niemand stellt kritische Fragen, niemand hinterfragt etwas, niemand hilft zu reflektieren. Sollte doch jemand einen Fall kritisch hinterfragen, wird sein Post vom Administrator der Gruppe meist gelöscht. Man will keine Nestbeschmutzer dabei haben, man will nur seine eigene Meinung hören. So befeuert man sich in diesen Gruppen gegenseitig mit seinem Ärger, seiner Wut – und oft auch mit Halbwissen. Es besteht die Gefahr, dass man sich auf Facebook und Co. in etwas hineinsteigert.

PORTRÄT EINES PRIVATEN BEISTANDS

«Solidarität ist der Kitt der Gesellschaft»

Walter Noser, Jahrgang 1963, Autor dieses Ratgebers

Ich führe zwei private Beistandschaften. Ich habe mich auf einer Kesb als privater Beistand beworben, ging zum Vorstellungsgespräch, musste meinen Strafregister- und Betreibungsauszug vorlegen und wurde gefragt, was denn meine Motivation sei. Ich bin überzeugt, dass unsere Gesellschaft nur funktioniert, wenn man sich auch ausserhalb der Arbeitszeit engagiert. Damit ein Land funktioniert, braucht es Bürgersinn! Da ich – ohne viel dafür getan zu haben, sondern einfach, weil ich Glück hatte – privilegiert bin, möchte ich der Gesellschaft etwas zurückgeben. Aber ich eigne mich nicht wirklich als Kassier im Turnverein, als Präsident im Lesezirkel, als freiwilliger Mitarbeiter im Kulturzentrum und auch nicht in der freiwilligen Feuerwehr. Dank jahrelanger Berufserfahrung sind mir jedoch viele Probleme der Menschen vertraut und ich verstehe etwas vom Kindes- und Erwachsenenschutz. Zudem bin ich überzeugt, dass Solidarität mit weniger Privilegierten der Kitt unserer Gesellschaft ist. Und ich glaube, dass Geduld, Toleranz, Einfühlungsvermögen und Durchsetzungskraft zu meinen Charaktereigenschaften gehören.

Die Kesb schlug mich zwei jungen Männern als Beistand vor. Beide fanden: «Doch, mit diesem Noser kann ich es mir vorstellen.» Mit beiden bin ich mittlerweile per Du und beide haben meine Handynummer.

Freunde fragen manchmal, wann ich denn bloss Zeit für meine Beistandschaften finde. Schliesslich arbeite ich doch 100 Prozent. Ja, wann finde ich Zeit? Dann, wenn sie ihre Enkelkinder hüten, in Vereinen aktiv sind, sich parteipolitisch engagieren oder sich ehrenamtlich für eine andere gute Sache einsetzen.

Anhang

Glossar: wichtige Begriffe im Kindes- und Erwachsenenschutz

Wer beim Thema Kesb mitreden will, muss Dutzende von Begriffen kennen. Juristische Schreiben, Gesetzestexte und Gerichtsurteile sind oft in einem schwer verständlichen Deutsch verfasst. Wieder andere Begriffe sind gebräuchlich – und doch missverständlich. Hier die Erklärungen:

ABKÜRZUNGEN

- **Abs.** = Absatz – Gesetzesartikel sind oft in Absätze unterteilt. Die Kurzform für den dritten Absatz eines Gesetzesartikels lautet: Abs. 3.
- **Art.** = Artikel – der 440. Artikel des Schweizerischen Zivilgesetzbuchs lautet in der Abkürzung: Art. 440 ZGB.
- **BV** = Bundesverfassung der Schweizerischen Eidgenossenschaft
- **OR** = Obligationenrecht
- **SchKG** = Schuldbetreibungs- und Konkursgesetz
- **StGB** = Schweizerisches Strafgesetzbuch
- **ZGB** = Schweizerisches Zivilgesetzbuch
- **Ziff.** = Ziffer – Gesetzesartikel sind in Absätze (Abs.) und diese manchmal in Ziffern unterteilt. Die Abkürzung für die erste Ziffer von Absatz 1 im Artikel 311 lautet: Art. 311 Abs. 1 Ziff.1 ZGB.
- **ZPO** = Schweizerische Zivilprozessordnung

Akteneinsichtsrecht Das Recht, Einblick in die Akten zu nehmen, ist Teil des verfassungsmässigen Anpruchs auf → rechtliches Gehör und ist in der → Bundesverfassung geregelt. Das Akteneinsichtsrecht stellt sicher, dass die am Verfahren beteiligten Personen alle Grundlagen kennen, die zu einem Entscheid geführt haben. Das Akteneinsichtsrecht im Kindes- und Erwachsenenschutz ist zudem in Artikel 449b ZGB geregelt: Die am Verfahren beteiligten Personen haben Anspruch auf Akteneinsicht, soweit nicht überwiegende Interessen dem entgegenstehen.

Anhörung Wer in ein Verfahren verwickelt ist, hat das Recht, dass auch seine Sicht der Angelegenheit gehört wird. Die Anhörung wird im Detail im Ratgeber beschrieben (siehe Seite 40).

(Den Richter) **anrufen** Nicht gemeint ist, dass man das Handy zückt und die Nummer des Gerichts anruft. Gemeint ist, dass man beim Gericht eine Klage einreicht.

Anwalt Einen Anwalt oder Fürsprecher nennt man auch Advokat. Advokat leitet sich ab vom lateinischen Verb advocare: herbei-, hinzurufen. Als Rechtsanwalt, Fürsprecherin oder eben Advokat bezeichnen darf sich nur, wer über das entsprechende Patent verfügt. Ein Anwalt verhilft Leuten, zu ihrem Recht zu kommen. Auch wenn sich einige Anwälte so aufführen: Sie sind keine Richter. Sie können höchstens Vorschläge machen, nichts anordnen.

Aufschiebende Wirkung Solange die Rechtsmittelfrist läuft, kann ein Entscheid nicht in Kraft treten. Wird in dieser Frist ein Rechtsmittel ergriffen, beispielsweise eine → Beschwerde eingereicht, hat dies in der Regel eine aufschiebende Wirkung: Der Entscheid wird nicht umgesetzt, solange das Beschwerdeverfahren läuft. Die aufschiebende Wirkung kann aber auch entzogen werden.

Aufsichtsbeschwerde Aufsichtsbeschwerden sind einerseits Beschwerden, mit denen das Verhalten einer Amtsperson oder einer Behörde bemängelt, kritisiert oder beanstandet wird. Sie sind anderseits auch möglich, wenn man der Meinung ist, dass eine Amtsperson pflichtwidrig, unzureichend oder zu langsam gehandelt hat. In diesem Fall ist die Aufsichtsbeschwerde an die Aufsichtsbehörde zu richten. Aufsichtsbeschwerden sind – anders als eine Beschwerde – nicht an Fristen und Formen gebunden.

Beistandschaft/Beistand Grundsätzlich ist mit einer Beistandschaft eine Massnahme des Kindes- oder Erwachsenenschutzes gemeint. Eine solche kann nur von der Kesb angeordnet werden. Auch ein Beistand, eine Beiständin wird immer von der Kesb eingesetzt. Wer freiwillig einer anderen Person beisteht, ist deshalb nicht Beistand im Sinn des Gesetzes. Verwirrend ist, dass das Gesetz manchmal auch von «Beistand» spricht, wenn der Begriff gar nichts mit Kindes- und Erwachsenenschutz zu tun hat – ein Beispiel: «Eltern und Kinder sind einander allen Beistand, alle Rücksicht und Achtung schuldig, die das Wohl der Gemeinschaft erfordert.» Gemeint ist hier das, was man umgangssprachlich unter «beistehen» versteht.

Beschwerde Eine Beschwerde gegen die Kesb reicht man beim zuständigen

Gericht ein, wenn man mit Entscheiden der Behörde nicht einverstanden ist. Die Beschwerde muss begründet werden. Die Frist beträgt 30 Tage seit Mitteilung des Entscheids.

Bei einem Entscheid im Zusammenhang mit einer → fürsorgerischen Unterbringung beträgt die Frist hingegen nur 10 Tage seit Mitteilung des Entscheids. Beschwerden im Bereich der FU müssen nicht begründet werden.

Beschwerden gegen einen Beistand reicht man bei der Kesb ein. Fristen gibt es dafür keine.

Beschwerdefähige Verfügung Eine Behörde, auch die Kesb, fällt einen Entscheid und teilt diesen den betroffenen Personen schriftlich mit. Dieses Schreiben heisst Verfügung, es muss eine Begründung enthalten. Ist man mit dem Entscheid nicht einverstanden, kann man ihn anfechten. Am Schluss der Verfügung steht meist ein Satz, der ungefähr so lautet: «Wenn Sie mit diesem Entscheid nicht einverstanden sind, können Sie innert … Tagen bei … [Adresse der Beschwerdeinstanz] Beschwerde einreichen.»

Bundesverfassung Die erste Bundesverfassung stammte aus dem Jahr 1848. Die Totalrevision, die zur heutigen Bundesverfassung führte, wurde in einer nationalen Abstimmung am 18. April 1999 angenommen. Sie ist am 1. Januar 2000 in Kraft getreten und steht auf der obersten Stufe des schweizerischen Rechtssystems. Alle Gesetze, Verordnungen und Erlasse des Bundes, der Kantone und der Gemeinden sind ihr untergeordnet. Sie dürfen der Bundesverfassung nicht widersprechen. Eine Verfassungsänderung kann durch einen Beschluss der Bundesversammlung oder durch eine Volksinitiative erlangt werden.

Elterliche Gewalt Elterliche Gewalt ist ein veralteter Begriff für das, was heute als → elterliche Sorge bezeichnet wird.

Elterliche Sorge Wer die elterliche Sorge – auch Sorgerecht genannt – für ein Kind hat, ist sein gesetzlicher Vertreter, seine gesetzliche Vertreterin. Er oder sie verwaltet das Vermögen des Kindes, unterschreibt Dokumente und Verträge, hat die Erziehungsverantwortung und entscheidet alle wichtigen Fragen. Die elterliche Sorge ist das Recht und die Pflicht, für das Kind zu entscheiden, wo es das noch nicht selbst kann. Dazu gehört auch das Recht, den Aufenthaltsort des Kindes zu bestimmen respektive mit dem Kind an einen anderen Ort umzuziehen.

Das Sorgerecht können nur Eltern ausüben. In der Regel tun sie dies gemeinsam, auch nach einer Scheidung oder wenn sie nicht verheiratet sind.

Wenn beide Eltern verstorben sind oder wenn ihnen die elterliche Sorge entzogen wird, erhält das Kind einen → Vormund, eine Vormundin. Die Kesb am Wohnort des Kindes bestimmt, ob eine verwandte Person oder ein Amtsvormund eingesetzt wird.

Fürsorgerische Unterbringung (FU) Eine fürsorgerische Unterbringung ist eine Einweisung in eine Einrichtung (meist eine psychiatrische Klinik), die gegen den Willen der betroffenen Person geschieht. «Eine Person, die an einer psychischen Störung oder an geistiger Behinderung leidet oder schwer verwahrlost ist, darf in einer geeigneten Einrichtung untergebracht werden, wenn die nötige Behandlung oder Betreuung nicht anders erfolgen kann», heisst es im ZGB. Ferner kann jemand in einer Klinik zurückbehalten werden, obwohl er freiwillig eingetreten ist. Auch dies ist eine fürsorgerische Unterbringung.

Gesetzgeber Der Gesetzgeber (Legislative) bildet sich auf Bundesebene aus der vereinigten Bundesversammlung, bestehend aus National- und Ständerat.

Grundrechte Grundrechte werden unter anderem durch die Bundesverfassung garantiert. Sie reichen von der Menschenwürde über die Sprachenfreiheit bis hin zur Medienfreiheit. Die Bundesverfassung sieht Voraussetzungen vor, unter denen diese Grundrechte eingeschränkt werden dürfen. Im Kindes- und Erwachsenenschutz können viele Rechte eingeschränkt werden.

Handlungsfähigkeit Wer handlungsfähig ist, kann selbständig Rechte ausüben und Pflichten übernehmen. Er oder sie kann Verpflichtungen eingehen oder ausschlagen, Verträge abschliessen oder kündigen, Ungerechtigkeiten wegstecken oder zur Anzeige bringen. Oder juristisch ausgedrückt: Handlungsfähige Personen sind geschäfts- und deliktsfähig, vertrags- und testierfähig. Voraussetzungen dafür, dass jemand handlungsfähig ist, sind die Volljährigkeit (18 Jahre alt) und die → Urteilsfähigkeit.

Handlungsunfähig sind Urteilsunfähige, Minderjährige und Personen, die unter umfassender Beistandschaft stehen. Neben Handlungsfähigkeit und Handlungsunfähigkeit gibt es noch eine Zwischenstufe: Handlungsunfähige, aber urteilsfähige Personen können gewisse Handlungen allein ausüben, beispielsweise Geschenke annehmen, und ihre → höchstpersönlichen Rechte wahrnehmen.

Höchstpersönliche Rechte Das sind Rechte, die sehr nahe mit der Persönlichkeit eines Menschen verknüpft sind. Unterschieden wird zwischen absolut höchstpersönlichen Rechten und relativ höchstpersönlichen Rechten.

- Bei den **absolut höchstpersönlichen Rechten** ist keine Vertretung

möglich. Das heisst, ein gesetzlicher Vertreter, eine gesetzliche Vertreterin kann diese Rechte nicht an der Stelle und im Namen einer urteilsunfähigen Person wahrnehmen.
Zu diesen Rechten gehören beispielsweise:
- Anerkennen eines Kindes
- Einreichen einer Scheidungsklage
- Erstellen oder Widerrufen eines Testaments
- Errichten eines Vorsorgeauftrags
- Errichten einer Patientenverfügung
- Entscheid über religiöse Zugehörigkeit
- Entscheid über Schönheitsoperationen, Tattoos, Piercings

- Bei den **relativ höchstpersönlichen Rechten** ist eine Vertretung von urteilsunfähigen Personen möglich. Relativ höchstpersönliche Rechte sind zum Beispiel:
  - Einwilligung in ärztliche Heileingriffe, medizinische Behandlungen und in Operationen
  - Unterhaltsklagen
  - Eheschutzmassnahmen
  - Vaterschaftsklagen
  - Namensänderungen

Urteilsfähige Personen üben alle ihre höchstpersönlichen Rechte selbst aus, niemand anderes kann ihre Entscheide fällen. Die Unterscheidung von absolut und relativ höchstpersönlichen Rechten ist deshalb nur bei Urteilsunfähigkeit von Bedeutung. Kann jemand nicht selber entscheiden, ist bei den relativ höchstpersönlichen Rechten eine Stellvertretung zugelassen – ein Beistand kann also zum Beispiel die Einwilligung zu einer notwendigen Operation geben. Bei den absolut höchstpersönlichen Rechten ist eine Stellvertretung vollumfänglich ausgeschlossen.

Auch → urteilsfähige Kinder entscheiden im Rahmen ihrer höchstpersönlichen Rechte selber – etwa darüber, ob sie ein Tattoo wollen oder ob sie einer Operation zustimmen. Selbst eine → Patientenverfügung können Kinder machen, weil man dazu bloss → urteilsfähig sein muss, nicht → handlungsfähig.

Interessenkonflikt Man kann nicht Diener zweier Herren sein. Ein Interessenkonflikt besteht nicht erst in einer konkreten Situation, sondern auch schon bei der theoretischen Gefahr. Zum Beispiel dann, wenn jemand einer Erbengemeinschaft angehört und gleichzeitig eine Person vertritt, die der gleichen Erbengemeinschaft angehört.

Juristische Person → Person

Kinderrechte Die Rechte von Kindern und Jugendlichen sind in der UN-Kinderrechtskonvention von 1989, kurz KRK, festgeschrieben. Die Schweiz hat Anfang 1997 das UNO-Übereinkommen über die Rechte des

Kindes ratifiziert. Das Übereinkommen schützt und anerkennt Kinder als eigenständige Personen, die eigene Ziele und einen Willen haben. Es fordert, dass das Wohl des Kindes bei allen Entscheidungen, die es betreffen, vorrangig berücksichtigt wird.

Kindeswohl Es gibt keine gesetzliche Definition. Damit das Kindeswohl gewährleistet ist, müssen Bedingungen vorhanden sein, in denen sich ein Kind psychisch, physisch, gefühlsmässig, geistig, sozial und kulturell entwickeln kann.

Mündel Das Vormundschaftsrecht, das bis Ende 2012 in Kraft war, hatte das Ziel, «stark für die Schwachen» zu sein, und nannte Verbeiständete und Bevormundete «Mündel». Am Ziel hat sich mit dem heutigen Recht nichts geändert, wohl aber an der Wortwahl: Der Begriff «Mündel» kommt nicht mehr vor. Stattdessen spricht man von einem verbeiständeten Erwachsenen respektive einem verbeiständeten Kind.

Mündig → Vormundschaft

Nahestehende Person → Person

Natürliche Person → Person

Öffentliche Beurkundung Bestimmte Rechtshandlungen, beispielsweise der Abschluss eines Ehevertrags oder eines Kaufvertrags über ein Grundstück, müssen vor einer Urkundsperson, meist einem Notar, vorgenommen und öffentlich beurkundet werden. Andere Rechtshandlungen, beispielsweise ein Testament oder ein → Vorsorgeauftrag, können öffentlich beurkundet werden, müssen aber nicht.

Patientenverfügung Eine Patientenverfügung ist eine schriftliche Erklärung. Jede urteilsfähige Person kann darin die gewünschte Pflege oder Behandlung bestimmen für den Fall, dass sie selber ihren Willen nicht mehr äussern kann. Sie kann auch jemand anderes bezeichnen, der entscheidet, wenn sie selbst dazu nicht mehr in der Lage ist.

Person «Person» ist der Oberbegriff für natürliche Personen und juristische Personen – je nachdem ob ein menschliches Wesen gemeint ist oder eine Personenvereinigung mit eigenen Rechten und Pflichten. Eine natürliche Person ist ein Mensch wie du und ich, eine juristische Person hingegen ist nicht etwa ein Jurist aus Fleisch und Blut, sondern eine Bank, ein Unternehmen oder eine andere Institution. Eine Behörde ist jedoch keine juristische Person, sondern einfach eine Behörde.

Oft ist die Rede von **nahestehenden** Personen. Dies sind nicht zwangsläufig die nächsten Verwandten – insbesondere nach einem Kontaktabbruch und bei Streit sind gerade die nächsten Verwandten nicht die Personen, die den Betroffenen am nächsten stehen. Nahestehende Personen sind Menschen, die eine betroffene Person besonders gut kennen und zu denen eine Verbundenheit besteht.

Personensorge Die Personensorge umfasst die Fürsorge in persönlichen Angelegenheiten des oder der Betroffenen. Dazu gehören auch die Gesundheitssorge sowie Hilfestellungen im Alltag, etwa hauswirtschaftliche Dienstleistungen wie Einkäufe, Kochen und Wäsche oder auch Freizeitbeschäftigungen wie Spaziergänge, Gesellschaftsspiele oder Aktivierung, beispielsweise Gedächtnistraining. Kurz: Personensorge meint, wie man sich um eine Person kümmern soll.

Rechtsmittelbelehrung Die Rechtsmittelbelehrung enthält die Informationen darüber, was man tun kann, wenn man mit einem Entscheid nicht einverstanden ist. Man erfährt, an welches Gericht man innert welcher Frist gelangen kann (→ beschwerdefähige Verfügung).

Rechtsverkehr Rechtsverkehr ist notwendig, um die → Personen- und die → Vermögenssorge bei Amtsstellen, Versicherungen, privaten oder öffentlichen Einrichtungen zu gewährleisten. Es geht um die Vertretung in rechtlichen Angelegenheiten, insbesondere um das Eingehen und Auflösen von Verträgen.

Urteilsfähigkeit Urteilsfähig ist eine Person, die ihre Handlungen vernunftgemäss zu beurteilen vermag. Laut ZGB ist dies jede Person, die nicht wegen ihres Kindesalters, infolge geistiger Behinderung, psychischer Störung, Rausch oder ähnlicher Zustände unfähig ist, vernunftgemäss zu handeln. Entgegen dem, was man aus dem Gesetzeswortlaut lesen könnte, kann jemand auch urteilsfähig sein, wenn er oder sie unvernünftig ist. Es geht also nicht darum, ob man Dinge tut oder tun will, die riskant und gefährlich sind. Wenn ein Mensch fähig ist, seine Handlungen in einer bestimmten Situation richtig zu beurteilen und ihre Folgen einzuschätzen, ist er urteilsfähig.

Die Frage der Urteilsfähigkeit muss immer an einer bestimmten Handlung gemessen und für eine konkrete Situation beurteilt werden. Deshalb kann jemand für bestimmte Handlungen urteilsfähig und für andere dagegen urteilsunfähig sein. Ein leicht geistig Behinderter weiss zum Beispiel, dass er nicht ohne zu zahlen aus einem Laden hinauslaufen darf. Für die Unterzeichnung eines Vertrags mit einer Kreditkartenfirma ist er jedoch urteilsunfähig. Oder: Eine betagte Frau kann trotz Demenz entscheiden, welchen

Operationen sie zustimmt – die Vertragsklauseln in einer Pflegeversicherung würde sie jedoch nicht mehr verstehen.

Die Urteilsfähigkeit kann auch nur vorübergehend fehlen, etwa bei einem Rausch oder einer Ohnmacht. Im Rahmen des Erwachsenenschutzrechts geht es in der Regel um andauernde Urteilsunfähigkeit.

Die Urteilsfähigkeit ist entweder vorhanden oder nicht vorhanden; es gibt keinen Graubereich, keine teilweise Urteilsfähigkeit. Dieses «Alles-oder-nichts-Prinzip» ist zwar nicht sehr praxisnah, erfüllt aber eine wichtige Funktion: Es muss klar sein, ob ein Vertrag gültig ist oder eben aufgrund mangelnder Urteilsfähigkeit nicht zustande gekommen ist.

Ab welchem Alter Kinder urteilsfähig sind, definiert das Gesetz nicht. Es kommt stets auf die konkreten Umstände an. Als urteilsfähig gelten Kinder und Jugendliche dann, wenn sie in der Lage sind, eine Situation selber zu beurteilen, Schlüsse zu ziehen und entsprechend zu handeln.

Kurz: Urteilsfähigkeit bedeutet, dass man versteht, dass das, was man tut, Folgen haben kann.

Verfahren Die gesetzlichen Bestimmungen regeln, wie ein Verfahren ablaufen muss und wie die Kesb vorgeht, wenn ihr ein Fall gemeldet wird oder wenn sie – was selten geschieht – von sich aus auf einen Fall aufmerksam wird. Am Schluss eines Verfahrens wird entschieden, ob etwas unternommen werden muss oder nicht.

Verhältnismässigkeit Jede Massnahme der Kesb ist nicht nur Hilfe, sondern auch ein Eingriff des Staates in die Privatsphäre der Betroffenen. Eine Massnahme muss daher so schwach wie möglich, aber so stark wie nötig sein. Sie muss den angestrebten Zweck erfüllen und muss in einem vernünftigen Verhältnis zur Einschränkung der Freiheit stehen.

Vermögenssorge Vermögenssorge heisst, dass das Einkommen und das Vermögen sorgfältig verwaltet werden. Es geht also um die Verwaltung des Vermögens, des Zahltags, der Renten und um das Bezahlen der anstehenden Rechnungen.

Verfügung Mit einer schriftlichen Verfügung (auch Beschluss oder Entscheid genannt) trifft die Kesb einen Entscheid in einem konkreten Fall. Verfügungen sollten folgende Punkte enthalten: den eigentlichen Entscheid, die Begründung für den getroffenen Entscheid, die Rechtsgrundlagen, eine Rechtsmittelbelehrung (→ beschwerdefähige Verfügung).

Vertretungsrecht Wenn man in einer bestimmten Angelegenheit nicht selber handeln kann, kann man jemanden bestimmen, von dem man vertreten wird. Im Rahmen des Kindes- und Erwachsenenschutzes ist ein Vertretungsrecht auch möglich, ohne dass man selber jemanden dazu bestimmt: So haben bestimmte Angehörige im Fall der Urteilsunfähigkeit bei medizinischen Angelegenheiten ein Vertretungsrecht. Verheiratete respektive eingetragene Partner und Partnerinnen haben ein Vertretungsrecht für diverse Handlungen, wenn der Partner, die Partnerin urteilsunfähig ist. Und Eltern vertreten in der Regel ihre minderjährigen Kinder. Ein Vertretungsrecht hat im Rahmen des Kindes- und Erwachsenenschutzes auch der Beistand, wenn die Kesb eine Vertretung angeordnet hat.

Vormundschaft Im Vormundschaftsrecht war die Rede von «mündigen», «unmündigen» und «entmündigten» Bürgern. Im revidierten Gesetz nicht mehr: Das Wort «mündig» taucht gar nicht mehr auf. «Geisteskrankheit», «lasterhafter Lebenswandel», «Mündel» und andere Begriffe, die vor 100 Jahren gang und gäbe waren und bis Ende 2012 im Gesetz standen, kommen nicht mehr vor. Heute gibt es keine Vormundschaften und keine Beiratschaften mehr – und niemand wird mehr bevormundet oder entmündigt.

Es gibt nur eine Ausnahme: Kinder, die nicht unter elterlicher Sorge stehen, stehen unter Vormundschaft (→ elterliche Sorge).

Vorsorgeauftrag Wer infolge eines Unfalls, wegen plötzlicher schwerer Erkrankung oder Altersschwäche nicht mehr selber für sich sorgen kann und urteilsunfähig wird, ist auf die Hilfe Dritter angewiesen. Wer → handlungsfähig ist, kann mit einem Vorsorgeauftrag eine natürliche oder juristische Person bestimmen, die im Fall der eigenen Urteilsunfähigkeit die Personen- und Vermögenssorge übernimmt und einen im Rechtsverkehr vertritt.

ZGB Im Schweizerischen **Z**ivil**G**esetz**B**uch geht es wie in einem hochstehenden Roman oder in einer billigen Soap um die grossen Themen des Lebens: um Geburt, Jugend und Kindheit, Zusammenleben, Heirat und Sterben. Dazwischen um Eigentum, Vereinsleben, Scheidung und Erben – und seit dem 1. Januar 2013, seit das Erwachsenenschutzrecht Bestandteil des ZGB ist, geht es auch um Menschenwürde und Selbstbestimmung.

Die Geschichte des ZGB hat im vorletzten Jahrhundert begonnen: 1892 gab der Bundesrat grünes Licht für die Entwürfe eines vereinheitlichten schweizerischen Privatrechts. Bis dahin waren lediglich das Obligationenrecht, die persönliche Handlungsfähigkeit, die Eheschliessung und die Scheidung auf eidgenössischer Ebene geregelt; alles andere war Sache der Kantone.

Seit 1912 regelt das ZGB das Personen-, Familien-, Erb- und Sachenrecht auf gesamtschweizerischer Ebene. Das Obligationenrecht (OR) einschliesslich des Handels- und Wertpapierrechts ist dem ZGB als fünfter Teil angegliedert.

Fast alles ist im ZGB kurz und knapp beschrieben – nicht etwa, weil die Parlamentarier im Bundeshaus nur halbe Arbeit leisteten, sondern weil sich die Fragen des Lebens nur in den Grundsätzen regeln lassen. Die im ZGB enthaltenen Gesetzesartikel wurden und werden deshalb durch Entscheide der Gerichte und des Bundesgerichts ständig anhand des Zeitgeistes interpretiert und ausgelegt. So ist es auch beim Kindes- und Erwachsenenschutzrecht.

Musterbriefe

Gefährdungsmeldung

Sie beobachten, dass ein Kind, ein Jugendlicher, eine erwachsene Person in Ihrem Umfeld dringend Hilfe braucht und diese nicht bekommt. Mit einer Gefährdungsmeldung machen Sie die Kesb auf die Situation aufmerksam und bitten sie, Abklärungen zu treffen. Am besten verwenden Sie eines der Formulare, wie sie viele Kesb-Stellen im Internet aufgeschaltet haben. In begründeten Ausnahmefällen kann eine Meldung auch per Telefon oder persönlich bei der Kesb erfolgen.

Senden Sie das ausgefüllte Formular an die für Ihre Region zuständige Kindes- und Erwachsenenschutzbehörde; Adresse unter www.kokes.ch (→ Organisation → Organisation Kantone → Adressliste KESB). Ein Beispiel:

Gefährdungsmeldung – Meldung über die Hilfsbedürftigkeit einer erwachsenen Person

Meldung von*

Name, Vorname	**Müller, Romana**	Geburtsdatum	**10.8.1981**
Strasse, Hausnummer	**Seestrasse 10**		
PLZ	**8000**	Ort	**Zürich**
Telefonnummer	**044 987 65 43**	E-Mail	**mueller.r@mail.net**
Institution			

Beziehung des/r Meldenden zur gefährdeten Person bzw. deren Familie

Nachbarin

*Angaben zur meldenden Person können nur in seltenen Fällen geheim gehalten werden.

Meldung betrifft

Bitte füllen Sie die Ihnen bekannten Informationen aus – muss nicht vollständig sein!

Name, Vorname	**Schmied, Arno**	Geburtsdatum	
Strasse, Hausnummer	**Seestrasse 10**		
PLZ	**8000**	Ort	**Zürich**
Telefonnummer	**078 123 45 67**	E-Mail	
Heimatort/Nationalität		Muttersprache	**Deutsch**

Angaben über allfällige/n Ehegatten, Partner/Partnerin oder andere nahestehende Personen

Name, Vorname ______ Geburtsdatum ______
Strasse, Hausnummer ______
PLZ ______ Ort ______
Telefonnummer ______ E-Mail ______
Heimatort/Nationalität ______ Muttersprache ______

Name, Vorname ______ Geburtsdatum ______
Strasse, Hausnummer ______
PLZ ______ Ort ______
Telefonnummer ______ E-Mail ______
Heimatort/Nationalität ______ Muttersprache ______

Worin besteht die Gefährdung?

Bitte möglichst sachliche Beschreibung der Ereignisse und Beobachtungen mit Zeit- und Ortsangaben.

Herr Schmied wandert seit einigen Wochen stundenlang durch die Strassen; oft ohne auf den Verkehr zu achten. Dabei spricht er ununterbrochen vor sich hin. Wenn ich ihn anspreche, läuft er weg, obwohl er mich kennt. Aus seiner Wohnung dringen unangenehme Gerüche und sein Briefkasten überläuft.

Warum erfolgt jetzt die Meldung?

Ich habe dem Verhalten von Herrn Schmied eine Weile zugesehen, aber mich dünkt, es werde immer schlimmer. Zudem wirkt er inzwischen abgemagert.

Wurden bisher Bemühungen unternommen, um die Situation der hilfsbedürftigen Person zu verbessern?

☒ ja ☐ nein

Wenn ja, welche?

Ich habe mehrmals versucht, mit Herrn Schmied zu sprechen. Aber er läuft jedes Mal weg. Ich weiss auch weder von Angehörigen noch von Freunden, die ich benachrichtigen könnte.

Wurden nahestehende Personen über die Meldung an die Kindes- und Erwachsenenschutzbehörde informiert?

Ehegatte	☐ ja	☒ nein
Partner/Partnerin	☐ ja	☒ nein
Andere nahestehende Person	☐ ja	☒ nein

Wenn ja, welche anderen nahestehenden Personen?

Wo hält sich die hilfsbedürftige Person zum Zeitpunkt der Meldung auf?

☒ an Wohnadresse

☐ in einer Institution (bitte Adresse angeben)

☐ anderer Ort (bitte Adresse angeben)

☐ unbekannt

Weitere Bemerkungen

Zürich, 3. März 2020

Romana Müller

Quelle: Justiz-, Gemeinde- und Kirchendirektion des Kantons Bern, Kindes- und Erwachsenenschutzbehörden, www.jgk.be.ch

Selber an die Kesb gelangen

Sind Sie zum Schluss gekommen, dass Ihnen das Leben einfacher fallen würde, wenn Ihnen ein Beistand in bestimmten Bereichen zur Seite stehen würde? Am besten wenden Sie sich schriftlich an die Kesb und beschreiben mit Ihren eigenen Worten Ihre Probleme. Hier der Brief eines 40-jährigen Mannes, der für sich eine Beistandschaft beantragt.

Wenn Sie als nahestehende Person der Meinung sind, dass jemand einen Beistand benötigt, verfassen Sie am besten eine Gefährdungsmeldung (siehe Seite 190).

[Vorname, Name]
[Adresse]

Kesb
[Adresse, zu finden unter www.kokes.ch → Organisation → Organisation Kantone → Adressliste KESB]

[Wohnort, Datum]

Antrag auf eine Beistandschaft

Sehr geehrte Damen und Herren

Es fällt mir nicht leicht, mich an Sie zu wenden und um Hilfe zu bitten. Aber ich bin an einem Punkt angelangt, an dem ich eingestehen muss, dass ich allein nicht mehr weiterkomme. Diesen Brief schreibe ich mit letzter Kraft.

Was andere Leute so nebenbei erledigen, schaffe ich nur unter grösster Anstrengung – oder gar nicht. Wenn ich morgens aufgestanden bin, geduscht habe und den Tag starten will, bin ich meist schon so erschöpft wie andere nach einem Marathon. Deshalb muss ich mich bei der Arbeit immer häufiger krankschreiben lassen. Dann liege ich den ganzen Tag herum, statt endlich einmal die Post zu erledigen, die sich seit Monaten stapelt. Ich weiss, dass ich wegen meiner Antriebslosigkeit psychologische Hilfe in Anspruch nehmen müsste, aber ich bringe die Kraft nicht auf, um einen Psychologen anzurufen [Beschreiben Sie die Situation, die Sie veranlasst, um Hilfe zu bitten].

Ich wäre froh, wenn jemand von Ihnen bei mir vorbeikommen würde und ich Ihnen meine schwierige Lebenssituation genauer schildern könnte. Vielleicht bringen Sie Licht ins Dunkel.

Freundliche Grüsse

[Vorname, Name]
[Unterschrift]

Beschwerde gegen die Beistandsperson

Sie möchten eine Beschwerde gegen eine Unterlassung oder eine Handlung Ihrer Beistandsperson verfassen? Eine solche Beschwerde müssen Sie bei der zuständigen Kesb einreichen. Sie ist an keine Fristen gebunden. Es ist deshalb nicht zwingend, dass Sie die Beschwerde eingeschrieben verschicken.

Wenn Sie als nahestehende Person oder als Person, die ein rechtlich geschütztes Interesse hat, eine Beschwerde machen wollen, können Sie das Muster entsprechend umschreiben.

[Vorname, Name]
[Adresse]

Kesb
[Adresse, zu finden unter www.kokes.ch → Organisation → Organisation Kantone → Adressliste KESB]

[Wohnort, Datum]

Beschwerde gegen meine Beistandsperson [Name der Beistandsperson]

Sehr geehrte Damen und Herren

Ich stütze mich auf Artikel 419 ZGB.

Mit der Amtsführung meiner Beistandsperson bin ich nicht einverstanden. [Beschreiben Sie, mit welcher Handlung oder Unterlassung Sie nicht einverstanden sind.]

Ich stelle daher folgenden Antrag: [Beschreiben Sie, was Sie wollen und was Sie nicht wollen.]

Meine Beschwerde begründe ich wie folgt: [Beschreiben und begründen Sie, was Sie erreichen wollen und was Sie auf keinen Fall wollen.]

Falls meine Beschwerde an den Voraussetzungen von Artikel 419 ZGB scheitern sollte, ist sie im Sinn einer Aufsichtsbeschwerde entgegenzunehmen.

Ich bitte Sie, mein Anliegen zu prüfen und mir Ihren Entscheid schriftlich und mit einer Rechtsmittelbelehrung zuzustellen.

Freundliche Grüsse

[Vorname, Name]
[Unterschrift]

Beschwerde gegen einen Entscheid der Kesb

Sie möchten sich gegen einen Entscheid der Kesb beschweren? Eine solche Beschwerde müssen Sie mit einer Kopie des beanstandeten Entscheids beim zuständigen Gericht einreichen. Die Adresse des Gerichts steht auf dem Entscheid. Weil Fristen eingehalten werden müssen, ist es besser, die Beschwerde eingeschrieben zu schicken.

Wenn Sie als nahestehende Person oder als Person, die ein rechtlich geschütztes Interesse hat, eine Beschwerde machen wollen, können Sie das Muster entsprechend umschreiben.

[Vorname, Name]
[Adresse]

EINSCHREIBEN
Gericht
[Adresse, steht auf dem Entscheid]

[Wohnort, Datum]

Beschwerde gegen den Entscheid der Kesb

Sehr geehrte Damen und Herren

Ich stütze mich auf Artikel 450 ff. ZGB.

Mit dem Entscheid der Kindes- und Erwachsenenschutzbehörde vom [Datum] bin ich nicht einverstanden.

Ich stelle daher folgenden Antrag: [Beschreiben Sie, was Sie wollen und was Sie nicht wollen.]

Meine Beschwerde begründe ich wie folgt: [Beschreiben und begründen Sie, was Sie erreichen wollen und was Sie auf keinen Fall wollen.]

Ich bitte Sie, mein Anliegen zu prüfen und mir Ihren Entscheid schriftlich und mit einer Rechtsmittelbelehrung zuzustellen.

Freundliche Grüsse

[Vorname, Name]
[Unterschrift]

Beilage
Entscheid der Kesb

Beschwerde im Zusammenhang mit einer FU

Sie möchten sich gegen einen Entscheid im Zusammenhang mit einer fürsorgerischen Unterbringung wehren? Eine solche Beschwerde ist beim zuständigen Gericht einzureichen. Die Adresse des Gerichts steht auf dem Entscheid. Es ist sinnvoll, die Beschwerde eingeschrieben zu schicken oder direkt dem Klinikpersonal abzugeben, allenfalls gegen eine Quittung. Dieses muss Ihr Schreiben unverzüglich weiterleiten.

Wenn Sie als nahestehende Person oder Vertrauensperson in der Klinik eine Beschwerde machen wollen, können Sie das Muster entsprechend umschreiben.

[Vorname, Name]
[Adresse]

EINSCHREIBEN
Gericht
[Adresse, steht auf dem Entscheid]

[Wohnort, Datum]

Beschwerde im Zusammenhang mit einer FU

Sehr geehrte Damen und Herren

Ich stütze mich auf Artikel 439 und Artikel 450b Absatz 2 ZGB.

[Beschreiben Sie, was Ihnen im Zusammenhang mit einer FU widerfahren ist.]

Gegen dieses Vorgehen lege ich Beschwerde ein. [Wenn Sie wollen, können Sie Ihre Beschwerde begründen. Sie müssen aber nicht.]

Ich bitte Sie, mein Anliegen zu prüfen und mir Ihren Entscheid schriftlich und mit einer Rechtsmittelbelehrung zuzustellen.

Freundliche Grüsse

[Vorname, Name]
[Unterschrift]

Sofortige Entlassung aus einer Klinik

Sie befinden sich gegen Ihren Willen in einer psychiatrischen Klinik und wollen sofort entlassen werden? Ihr Schreiben richten Sie an die Kesb oder die Klinikleitung.

Wenn Sie als nahestehende Person oder Vertrauensperson die Entlassung verlangen wollen, können Sie das Muster entsprechend umschreiben.

[Vorname, Name]
[Adresse]

EINSCHREIBEN
[Kesb oder Klinikleitung]
[Adresse]

[Ort, Datum]

Entlassung

Sehr geehrte Damen und Herren

Ich befinde mich gegen meinen Willen in [Name der Klinik]. Ich verlange meine sofortige Entlassung aus der Klinik. Ich bitte Sie um eine Stellungnahme innerhalb von 24 Stunden.

Freundliche Grüsse

[Vorname, Name]
[Unterschrift]

Antrag auf Aufhebung einer Beistandschaft

Sie möchten Ihre Beistandschaft aufheben lassen? Es ist nicht zwingend, dass Sie Ihren Antrag eingeschrieben verschicken, denn er ist an keine Fristen gebunden. Ihr Schreiben richten Sie an die zuständige Kesb.

Sie sind eine nahestehende Person und möchten die bestehende Beistandschaft einer anderen Person aufheben lassen? Schreiben Sie das Muster entsprechend um.

[Vorname, Name]
[Adresse]

Kesb
[Adresse, zu finden unter www.kokes.ch → Organisation → Organisation Kantone → Adressliste KESB]

[Wohnort, Datum]

Antrag auf Aufhebung der bestehenden Beistandschaft

Sehr geehrte Damen und Herren

Die Kesb hat am [Datum] eine Beistandschaft errichtet. Ich stelle den Antrag, dass sie aufgehoben wird.

Meinen Antrag begründe ich wie folgt: [Schreiben Sie, was damals zur Errichtung der Beistandschaft geführt hat und was sich in der Zwischenzeit verändert hat.]

Ich bitte Sie, mein Anliegen zu prüfen und mir Ihren Entscheid schriftlich und mit einer Rechtsmittelbelehrung zuzustellen.

Freundliche Grüsse

[Vorname, Name]
[Unterschrift]

Antrag für einen anderen Beistand

Sie möchten einen anderen Beistand? Ein solcher Antrag ist an keine Fristen gebunden. Es ist deshalb nicht zwingend, dass Sie ihn eingeschrieben verschicken. Ihr Schreiben richten Sie an die zuständige Kesb.

Sie sind eine nahestehende Person und möchten, dass die verbeiständete Person einen anderen Beistand bekommt? Schreiben Sie das Muster entsprechend um.

[Vorname, Name]
[Adresse]

Kesb
[Adresse, zu finden unter www.kokes.ch → Organisation → Organisation Kantone → Adressliste KESB]

[Wohnort, Datum]

Antrag auf eine neue Beistandsperson

Sehr geehrte Damen und Herren

Die Kesb hat am [Datum] eine Beistandschaft errichtet. Mein Beistand heisst [Vorname und Name].

Mit der Beistandschaft als solcher bin ich einverstanden, aber ich beantrage, dass ich einen anderen Beistand erhalte. Meinen Antrag begründe ich wie folgt: [Begründen Sie, weshalb ein anderer Beistand besser wäre.]

Ich bitte Sie, mein Anliegen zu prüfen und mir Ihren Entscheid schriftlich und mit einer Rechtsmittelbelehrung zuzustellen.

Freundliche Grüsse

[Vorname, Name]
[Unterschrift]

Antrag für einen Wunschvormund

Mit diesem Schreiben halten Sie als Mutter oder Vater mit alleiniger elterlicher Sorge Ihren Wunsch fest, wer im Fall Ihres Todes gesetzlicher Vertreter (Vormund) Ihrer minderjährigen Kinder werden soll. Übergeben Sie Ihrem Wunschvormund, Ihrer Wunschvormundin ein Exemplar des Schreibens, damit er oder sie es im Fall Ihres Todes der Kesb übergeben kann.
Je nach Familienverhältnissen müssen Sie sich für Variante a oder für Variante b entscheiden.

[Vorname, Name]
[Adresse]

An die zuständige Kesb
persönlich überreicht durch [Name des Wunschvormunds]

[Wohnort, Datum]

Wunschvormund

Sehr geehrte Damen und Herren

> *Variante a, wenn der andere Elternteil noch lebt (aber kein Sorgerecht hat)*
> Ich wünsche nicht, dass im Fall meines Todes der überlebende Elternteil das Sorgerecht über meine Kinder erhält. [Begründen Sie Ihren Wunsch.]
>
> *Variante b, wenn der andere Elternteil verstorben ist*
> Ich wünsche nicht, dass im Fall meines Todes als gesetzlicher Vertreter meiner Kinder eine Person bestimmt wird, die sie bis anhin gar nicht kannte.

Ich wünsche, dass [Name und Adresse des Wunschvormunds] zum Vormund meiner Kinder ernannt wird. Meine Kinder haben ein enges Verhältnis zu dieser Person. [Name des Wunschvormunds] kennt meine Kinder bestens, kennt ihre Bedürfnisse und handelt stets zu ihrem Wohl. [Name des Wunschvormunds] geniesst mein volles Vertrauen.

Dieses Schreiben habe ich zu meinen Lebzeiten im Vollbesitz meiner geistigen Kräfte der Person meines Vertrauens ausgehändigt.

Freundliche Grüsse

[Vorname, Name]
[Unterschrift]

Vorsorgeauftrag

Dieses Beispiel eines Vorsorgeauftrags dient lediglich als Formulierungshilfe. Je nach Umständen sind Änderungen und Ergänzungen notwendig. Bei Punkt 2 müssen Sie sich für Variante a oder Variante b entscheiden.

Wichtig: *Der ganze Vorsorgeauftrag muss von Hand geschrieben werden – deshalb finden Sie auch keine Felder zum Einfüllen – und mit Datum und Unterschrift versehen sein. Damit er in Kraft treten kann, muss er nach Eintritt der Urteilsunfähigkeit von der Kesb validiert werden.*

Vorsorgeauftrag

Von Fritz Huber, Bergstrasse 7, 8001 Zürich

Sollte ich nicht mehr in der Lage sein, selber Entscheidungen zu treffen, bestimme ich

Katrin Meier, Lagestrasse 32, 8702 Zollikon
als meine Vorsorgebeauftragte.

Für den Fall, dass Frau Meier diesen Vorsorgeauftrag nicht annehmen kann, bestimme ich als Ersatz: Dimitri Pochnow, Bühlstrasse 12, 3050 Bern

1. Personensorge
Die beauftragte Person bestimmt, welche Massnahmen im Hinblick auf meine optimale Betreuung, Pflege und medizinische Versorgung zu treffen sind. Sofern ich spezielle Anordnungen in einer Patientenverfügung erlasse, gilt diese, und die beauftragte Person hat für deren Ausführung zu sorgen.

2. Vermögenssorge

Variante a)
Sie verwaltet mein Einkommen und Vermögen und sorgt für die Bezahlung meiner Rechnungen. Sie ist befugt, eingeschriebene Post entgegenzunehmen und meine Post zu öffnen.

Variante b)
Sie verwaltet mein Einkommen und Vermögen und sorgt für die Bezahlung meiner Rechnungen. Sie ist befugt, eingeschriebene Post entgegenzunehmen und meine Post zu öffnen. Sie kann auch meinen Haushalt liquidieren, Erbschaften annehmen oder ausschlagen, Erbverträge und Erbteilungsverträge abschliessen, meine Grundstücke veräussern, verpfänden oder dinglich belasten.

3. Vertretung im Rechtsverkehr
Sie ist bevollmächtigt, alle für die Personen- und Vermögenssorge notwendigen Vorkehrungen zu treffen und die dafür nötigen Verträge abzuschliessen oder zu kündigen.

4. Spesen und Entschädigung
Für den zeitlichen Aufwand dürfen 30 Franken pro Stunde berechnet werden. Nicht zu entschädigen sind freiwillige Besuche bei mir zu Hause, im Heim oder Spital.

Zürich, 20. Februar 2020
Fritz Huber (eigenhändige Unterschrift)

Nützliche Links und Adressen

Behörden

Kindes- und Erwachsenenschutzbehörde

Die Adressen der zuständigen Kesb finden Sie auf der Website der Konferenz für Kindes- und Erwachsenenschutz www.kokes.ch (→ Organisation → Organisation Kantone → Adressliste KESB)

Eine Zusammenstellung der kantonalen Behördenorganisation mit den Aufsichtsbehörden finden Sie in der nebenstehenden Tabelle.

Beratungsstellen

Beobachter-Beratungszentrum

Das Wissen und der Rat der Expertinnen und Experten in acht Fachbereichen steht den Mitgliedern des Beobachters im Internet und am Telefon zur Verfügung. Wer kein Abonnement der Zeitschrift oder von Guider hat, kann online oder am Telefon eines bestellen und erhält sofort Zugang zu den Dienstleistungen.

- www.guider.ch: Guider ist der digitale Berater des Beobachters mit vielen hilfreichen Antworten bei Rechtsfragen.
- Beratung am Telefon: Montag bis Freitag von 9 bis 13 Uhr. Direktnummern der Fachbereiche unter www.beobachter.ch/beratung (→ Telefonische Beratung)
- Kurzberatung per E-Mail: Link unter www.beobachter.ch/beratung (→ E-Mail-Beratung)

Familienberatung/Jugendberatungen/Erziehungsberatung

Die Sozialdienste der Gemeinden können Ihnen Adresslisten geben.

Insieme

Insieme macht sich stark für Menschen mit einer geistigen Behinderung.
www.insieme.ch

Kescha

Kescha, die Anlaufstelle Kindes- und Erwachsenenschutz, bietet Information und Beratung für Personen, die von einer Massnahme betroffen sind.
www.kescha.ch

Pro Infirmis

Die Pro Infirmis engagiert sich für Menschen mit Behinderungen.
www.proinfirmis.ch

Pro Mente Sana

Die Pro Mente Sana setzt sich für die Interessen psychisch Kranker ein.
www.promentesana.ch

Pro Senectute

Die Pro Senectute steht im Dienst älterer Menschen.
www.prosenectute.ch

Beratungsstellen für Angehörige

Angehörige von psychisch Kranken:
www.vask.ch

Angehörige von Alkoholkranken:
www.al-anon.ch

Anwaltssuche

Demokratische Juristen und Juristinnen der Schweiz
Vermittlung von spezialisierten Anwälten
www.djs-jds.ch

GetYourLawyer
www.getyourlawyer.ch
Diese Plattform, die in Zusammenarbeit mit dem Beobachter geführt wird, verfügt über ein qualitätsgeprüftes Anwaltsnetz.

Schweizerischer Anwaltsverband
www.sav-fsa.ch
Auf der Website des Schweizerischen Anwaltsverbands sind die Kontaktangaben der kantonalen Verbände aufgeführt. Diese wachen über die Berufsregeln ihrer Mitglieder und können bei der Anwaltssuche behilflich sein. Oder Sie suchen selber unter (→ Anwaltssuche).

Psychotherapien

Wenn Sie psychotherapeutische Hilfe benötigen, empfiehlt es sich, bei folgenden Stellen nach Adressen von Psychotherapeutinnen und -therapeuten zu fragen:

Föderation der Schweizer Psychologinnen und Psychologen (FSP)
www.psychologie.ch

Gesellschaft delegiert arbeitender Psychotherapeutinnen und Psychotherapeuten
www.gedap.ch

Assoziation Schweizer Psychotherapeutinnen und Psychotherapeuten (ASP)
www.psychotherapie.ch

Auch Ihr Hausarzt kann Ihnen Therapeuten und Therapeutinnen vermitteln.

Zuständige Behörden im Kindes- und Erwachsenenschutz

Kanton	Kindes- und Erwachsenenschutzbehörden Kesb	Aufsichtsbehörden	Rechtsmittelinstanzen	Separate Rechtsmittelinstanzen für fürsorgerische Unterbringung
AG	11 kantonale Gerichtsbehörden (Familiengericht)	Obergericht, Abteilung Zivilgericht, Kammer für Kindes- und Erwachsenenschutz	Obergericht, Abteilung Zivilgericht, Kammer für Kindes- und Erwachsenenschutz	Obergericht, Abteilung Verwaltungsgericht
AI	1 kantonale Verwaltungsbehörde	Regierungsrat (Departement Gesundheit und Soziales)	Kantonsgericht, Abteilung Verwaltungsgericht	–
AR	1 kantonale Verwaltungsbehörde	Regierungsrat (Departement Gesundheit und Soziales)	Obergericht	Einzelrichter/-in des Obergerichts
BL	6 interkommunale Verwaltungsbehörden	Sicherheitsdirektion	Kantonsgericht, Abteilung Verfassungs- und Verwaltungsrecht	–
BS	1 kantonale Verwaltungsbehörde	Departement für Wirtschaft, Soziales und Umwelt	Verwaltungsgericht	Gericht für fürsorgerische Unterbringungen

Kanton	Kindes- und Erwachsenenschutzbehörden Kesb	Aufsichtsbehörden	Rechtsmittelinstanzen	Separate Rechtsmittelinstanzen für fürsorgerische Unterbringung
BE	11 kantonale Verwaltungsbehörden, 1 interkommunale Verwaltungsbehörde (Burgergemeinden)	Justiz-, Gemeinde- und Kirchendirektion / kantonales Jugendamt	Obergericht, Kindes- und Erwachsenenschutzgericht	–
FR	7 autorités judiciaires cantonales (justices de paix)	Conseil de la magistrature / Justizrat	Tribunal cantonal	–
GE	1 autorité judiciaire cantonale (Tribunal de protection)	Cour de justice, chambre de surveillance	Cour de justice, chambre de surveillance	1ère instance: Tribunal de protection 2ème instance: Cour de justice, chambre de surveillance
GL	1 kantonale Verwaltungsbehörde	Departement für Volkswirtschaft und Inneres	Verwaltungsgericht	–
GR	5 kantonale Verwaltungsbehörden	Regierung (Departement für Justiz, Sicherheit und Gesundheit)	Kantonsgericht	–
JU	1 autorité administrative cantonale	Cour administrative du Tribunal cantonal	Cour administrative du Tribunal cantonal	1ère instance: Juge administratif du Tribunal de première instance 2ème instance: Cour administrative du Tribunal cantonal
LU	7 (inter-)kommunale Verwaltungsbehörden	Justiz- und Sicherheitsdepartement (Abteilung Gemeinden)	Kantonsgericht	1. Instanz: Einzelrichter/-in des Bezirksgerichts am Ort der Einrichtung 2. Instanz: Kantonsgericht
NE	2 autorités judiciaires cantonales (2 Tribunaux d'instances, dont 1 sur 2 sites)	Conseil de la magistrature	Tribunal cantonale, Cour des mesures de protection de l'enfant et de l'adulte (CMPEA)	1ère instance: APEA 2ème instance: Tribunal cantonal, CMPEA
NW	1 kantonale Verwaltungsbehörde	Gesundheits- und Sozialdirektion	Verwaltungsgericht	–
OW	1 kantonale Verwaltungsbehörde	Regierungsrat (Sicherheits- und Justizdepartement)	Verwaltungsgericht	1. Instanz: Kantonsgericht 2. Instanz: Obergericht

Kanton	Kindes- und Erwachsenenschutz-behörden Kesb	Aufsichtsbehörden	Rechtsmittel-instanzen	Separate Rechtsmittel-instanzen für fürsorge-rische Unterbringung
SG	9 interkommunale Verwaltungsbehörden	Departement des Innern, handlungs-ermächtigt: Amt für Soziales	1. Instanz: Verwaltungsrekurs-kommission 2. Instanz: Kantons-gericht	–
SH	1 kantonale Gerichts-behörde (Spezial-gericht)	Obergericht	Obergericht	1. Instanz: Kesb 2. Instanz: Obergericht
SO	3 kantonale Verwaltungsbehörden	Departement des Innern	Verwaltungsgericht	–
SZ	2 kantonale Verwaltungsbehörden	Departement des Innern	Verwaltungsgericht	–
TG	5 kantonale Verwaltungsbehörden	Administrative Auf-sicht: Departement für Justiz und Sicher-heit Fachliche Aufsicht: Obergericht	Obergericht	1. Instanz: Kesb 2. Instanz: Obergericht
TI	16 interkommunale Verwaltungsbehörden	Camera di protezione del Tribunale di appello	Camera di protezione del Tribunale di appello	Prima istanza: Commissione giuridica LASP Seconda istanza: Camera di protezione del Tribunale di appello
UR	1 kantonale Verwaltungsbehörde	Regierungsrat	Obergericht	–
VD	9 autorités judiciaires cantonales (justices de paix)	Tribunal cantonal, Chambre des curatelles	Tribunal cantonal	1ère instance: Juge de paix 2ème instance: Tribunal cantonal
VS	23 (inter-)kommu-nale Verwaltungs-behörden	Conseil d'État	Tribunal cantonal	1ère instance: Juge spécialisé de première instance (juge des mesures de contrainte) 2ème instance: Tribunal cantonal
ZG	1 kantonale Verwal-tungsbehörde	Direktion des Innern	Verwaltungsgericht	–
ZH	13 (inter-)kommunale Verwaltungsbehörden	Direktion der Justiz und des Innern	1. Instanz: Bezirksrat 2. Instanz: Obergericht	1. Instanz: Einzelrichter/in am Bezirksgericht 2. Instanz: Obergericht

Quelle: KOKES, www.kokes.ch (→ Organisation → Organisation Kantone → kantonale Behördenorganisation)

Literatur

Beobachter-Ratgeber

Battaglia, Denise: **Leben, Tod und Selbstbestimmung.** Über den Sinn des Lebens, den Umgang mit Schicksalsschlägen, das Altern und das Sterben. Beobachter-Edition, Zürich 2016

Friedauer, Susanne; Gehring, Kaspar: **IV – was steht mir zu?** Das müssen Sie über Renten, Rechte und Versicherungen wissen. 6. Auflage, Beobachter-Edition, Zürich 2017

Ihde-Scholl, Thomas: **Ganz normal anders.** Alles über psychische Krankheiten, Behandlungsmöglichkeiten und Hilfsangebote. 3. Auflage, Beobachter-Edition, Zürich 2020

Ihde-Scholl, Thomas: **Wenn die Psyche streikt.** Psychische Gesundheit in der Arbeitswelt. Beobachter-Edition, Zürich 2015

Ruedin, Philippe; Bräunlich Keller, Irmtraud: **OR für den Alltag.** Kommentierte Ausgabe aus der Beobachter-Beratungspraxis. 13. Auflage, Beobachter-Edition, Zürich 2020

Schmidt, Volker: **Gute Eltern trotz Trennung.** Rechte und Pflichten – zum Wohl des Kindes. 2. Auflage, Beobachter-Edition, Zürich 2019

Von Flüe, Karin: **Letzte Dinge regeln.** Fürs Lebensende vorsorgen – mit Todesfällen umgehen. 5. Auflage, Beobachter-Edition, Zürich 2018

Von Flüe, Karin; Strub, Patrick; Noser, Walter; Spinatsch, Hanneke: **ZGB für den Alltag.** Kommentierte Ausgabe aus der Beobachter-Beratungspraxis. 15. Auflage, Beobachter-Edition, Zürich 2019

Zeugin, Käthi: **Ich bestimme. Mein komplettes Vorsorgedossier.** Vorsorgeauftrag, Vollmachten, Patientenverfügung, Anordnungen für den Todesfall, Testament. 4. Auflage, Beobachter-Edition, Zürich 2019

Weitere Bücher

Spring, Monika; Fassbind, Patrick: **Der kleine Advokat – Juris erklärt dir deine Rechte.** Kinderrechte bei einer Trennung oder Scheidung und Kindesschutz. Kinderbuch. Baeschlin Verlag, Glarus

Merkblätter der Kokes zum Kindes- und Erwachsenenschutz in einfacher Sprache, www.kokes.ch (→ Publikationen → Leichte Sprache)

Stichwortverzeichnis

F

G

H

I

K

M

N/O

P

R

S

U

V

W

Z

Ratgeber, auf die Sie sich verlassen können

Beobachter EDITION

Ich bestimme. Mein komplettes Vorsorgedossier

Ob Vorsorgeauftrag, Patientenverfügung oder Vollmachten, wir möchten über unsere Angelegenheiten bis zum Schluss selber bestimmen. Das Beobachter-Vorsorgedossier hilft dabei, die nötigen Unterlagen zusammenzustellen, beantwortet alle brennenden Fragen und bietet die nötigen Vorlagen zum Herunterladen.

160 Seiten, Broschur
ISBN 978-3-03875-131-1

ZGB für den Alltag

Das Schweizerische Zivilgesetzbuch – kurz ZGB – regelt alle rechtlichen Fragen im privaten Bereich: Personen-, Familien-, Erb- und Sachenrecht. Der vollständige Gesetzestext ist ergänzt mit erläuternden Kommentaren, Praxisbeispielen und Stichwortverzeichnis.

812 Seiten, Hardcover
ISBN 978-3-03875-158-8

Gute Eltern trotz Trennung

Das gemeinsame Sorgerecht gilt seit 2014. Dieser Ratgeber zeigt, wie Eltern auch nach einer Trennung die gemeinsame Verantwortung für ihre Kinder im Alltag leben können. Er gibt auch Auskunft darüber, wo sie Hilfe finden, wenn Probleme auftauchen.

208 Seiten, Hardcover
ISBN 978-3-03875-157-1

Die E-Books des Beobachters: einfach, schnell, online. **www.beobachter.ch/ebooks**

Zusammen die Lösung suchen

Die Anlaufstelle Kescha berät Menschen, die wegen eines Kesb-Verfahrens oder einer Beistandschaft nicht mehr weiterwissen. Sie informiert die Betroffenen über ihre Rechte und beantwortet Fragen rund um den Kindes- und Erwachsenenschutz.

Das Telefon der unabhängigen Anlaufstelle Kindes- und Erwachsenenschutz, kurz Kescha, klingelt bis zu zehnmal pro Tag. Daneben treffen viele E-Mails im Büro in Zürich ein. Es melden sich vor allem Eltern, die Fragen zu einer Kesb-Anhörung haben, sowie Betagte, die im Konflikt mit ihrem Beistand stehen. Die Ratsuchenden sind schutzbedürftige Menschen, wie es im Fachjargon heisst, oder ihre Angehörigen. Sie sind wütend, verunsichert und tun sich schwer im Umgang mit der Behörde. Sie verstehen zuweilen nicht, wie ihnen geschieht, und fühlen sich bedroht anstatt geschützt. Sie misstrauen der Kesb, verweigern sich den involvierten Fachpersonen, und viele ziehen sich vollständig zurück.

Hinhören statt urteilen

Doch auch wenn man unzufrieden ist mit einer Massnahme und mit der Kesb, bleibt das Gespräch mit der Behörde wichtig. Seit 2017 hilft die Kescha dabei. Die unabhängige Anlaufstelle weiss, ob das Gespräch besser mit einem Anruf oder einem schriftlichen Antrag in die Wege geleitet wird. Und sie zeigt auch, wie man ein Anliegen so formuliert, dass es Gehör findet.

Das Informations- und Beratungsangebot der Kescha wurde von der Guido Fluri Stiftung gegründet und gemeinsam mit verschiedenen Interessenverbänden aufgebaut. Es funktioniert als Verständigungshilfe zwischen den betroffenen Menschen und der Behörde und bietet psychologische Unterstützung an. Ein Novum in der bisherigen Beratungslandschaft.

Das Team – bestehend aus Fachpersonen der Rechtswissenschaft, Sozialarbeit, Sozialpädagogik und Psychologie – nimmt sich Zeit zum Zuhören und berät wohlwollend, neutral und fachlich kompetent. Eine Grundhaltung, die Sicherheit schafft bei denjenigen, die ihre Sichtweise und ihre Sorgen bei einer neutralen Anlaufstelle anbringen wollen. Die Konflikte werden analysiert, Lösungswege besprochen und Behördenentscheide in allgemeinverständliche Sprache übersetzt. Wenn nötig werden die Betroffenen auch an einen Anwalt oder eine weitere Beratungsstelle verwiesen.

Da, wo der Schuh drückt

Die Anlaufstelle will die sensiblen Themen rund um die Kesb aber auch der Öffentlichkeit bewusst machen. Die Beratungsgespräche werden durch das Familieninstitut der Universität Freiburg ausgewertet, um festzustellen, wo Menschen im Umgang mit der Kesb der Schuh drückt. So ist gewährleistet, dass die Empfehlungen der Kescha wissenschaftlich fundiert sind, und es wird ein Diskurs angeregt, der den Kindes- und Erwachsenenschutz stärkt.

Trotz grosser Ambitionen hat das Angebot Grenzen: Die Kescha mischt sich zum Beispiel nie in Verfahren ein und leistet keine finanzielle Nothilfe. Sie berät die Betroffenen aber auch in diesem schwierigen Umfeld im Rahmen ihrer Ressourcen weiter – mit dem grossen Fachwissen und der Empathie des ganzen Teams.

KESCHA
Anlaufstelle Kindes- und Erwachsenenschutz
Centre d'écoute et d'assistance de l'enfant et de l'adulte
Centro di ascolto e assistenza del minore e dell'adulto